U0794614

交通运输国家级实验教学示范中心系列实验教材

# 交通运输专业基础实验教程

主编 ◎ 王顺利 邓灼志 郭峤枫 张晓梅
主审 ◎ 闫海峰

西南交通大学出版社
·成 都·

## 内容简介

交通运输专业基础实验是西南交通大学交通运输本科专业的一门独立实验课程。学院结合交通运输国家级实验教学示范中心的各种实验平台，根据交通运输人才培养计划要求，开发了一系列实验项目，满足交通运输专业一流本科专业人才培养质量的要求。通过本课程的学习，学生能够快速建立铁路运输的大系统观，有效实现理论与实践的紧密结合，为今后学习相关专业课程或从事铁路相关工作奠定良好的专业理论和实验技能基础。

本书可作为高等院校交通运输相关专业实验教学用书，也可供有关学科的教师、实验和工程技术人员参考。

图书在版编目（CIP）数据

交通运输专业基础实验教程 / 王顺利等主编. —成都：西南交通大学出版社，2021.12
交通运输国家级实验教学示范中心系列实验教材
ISBN 978-7-5643-8446-3

Ⅰ. ①交… Ⅱ. ①王… Ⅲ. ①铁路运输 – 交通运输 – 实验 – 高等学校 – 教材 Ⅳ. ①U29-33

中国版本图书馆 CIP 数据核字（2021）第 246435 号

交通运输国家级实验教学示范中心系列实验教材

Jiaotong Yunshu Zhuanye Jichu Shiyan Jiaocheng
交通运输专业基础实验教程

主　编 / 王顺利　邓灼志　郭峤枫　张晓梅
责任编辑 / 周　杨
封面设计 / 吴　兵

西南交通大学出版社出版发行
（四川省成都市金牛区二环路北一段 111 号西南交通大学创新大厦 21 楼　610031）
发行部电话：028-87600564　　028-87600533
网址：http://www.xnjdcbs.com
印刷：四川森林印务有限责任公司

成品尺寸　185 mm × 260 mm
印张　9.75　　字数　208 千
版次　2021 年 12 月第 1 版　　印次　2021 年 12 月第 1 次

书号　ISBN 978-7-5643-8446-3
定价　29.00 元

课件咨询电话：028-81435775
图书如有印装质量问题　本社负责退换
版权所有　盗版必究　举报电话：028-87600562

# PREFACE

# 前　言

实验教学作为实践教学的重要组成部分，在培养创新型人才方面起着不可替代的作用。以实验教学示范中心为平台，创新实践教学模式，丰富和发展示范中心的功能内涵，注重对学生质疑力、观察力、协同力、领导力等素质的培养，是培养高技能人才和创新人才的关键之一。

交通运输专业是西南交通大学轨道交通办学特色的重要支撑，长期坚持党的教育方针和社会主义办学方向，主动适应国家经济发展和交通运输行业重大需求，坚持“立德树人”和“宽厚基础、通精结合、强化实践、突出创新、特色鲜明”的专业人才培养理念，以培养具有“基础厚、素质高、能力强、后劲足”的交通运输系统规划设计、运营管理和科学研究的创新性复合型人才为目标，持续保持交通运输专业建设水平和本科人才培养质量国际一流和国内领先。

交通运输国家级实验教学示范中心以国家一流本科专业建设为契机，组织编写了本实验教程，对于培养学生的实践动手能力、创新能力、科学实验能力，促进学生知识、能力、素质的综合提高，提高教学水平和教育质量等方面起到了重要作用。

本书主要包括铁路模型教学、铁路车站联锁、铁路接发列车、铁路车站CAD绘图、牵引计算、城市轨道交通调度指挥等实验部分。针对实践教学体系改革要求及专业人才培养目标，本书共构建了演示型、验证型、综合型实验项目13项，可满足个性化人才培养要求。

交通运输与物流国家级教学示范中心的各位老师共同努力完成本书编写工作，实验1、实验3、实验4由邓灼志编写，实验5由史磊、刘帆洨编写，实验7由崔钰编写、实验8由郭峤枫编写，实验9由王利华编写，实验

6、实验 11 由王顺利编写，实验 10 由谭永刚编写，实验 2 由蔺浩编写，实验 12 由张晓梅编写，实验 13 由刘意编写，全书由王顺利通稿，闫海峰审阅。本书的出版得到西南交通大学教务处、西南交通大学交通运输与物流学院的资助，在此表示感谢！

限于编者水平，加之时间仓促，书中难免有不足之处甚至错误，诚请读者批评指正并提出宝贵意见和建议。

编　者

2021 年 8 月

CONTENTS

# 目 录

# 实验一 铁路车辆实验

## 一、实验目的

（1）了解车辆的作用和分类。

（2）掌握车辆的基本构造及各个组成部分的作用。

（3）掌握车辆走行部的组成。

（4）了解空气制动机作用原理和特点。

（5）掌握识别车辆的基本标记。

## 二、实验原理

铁路车辆是铁路运输的重要设备，是用来运送旅客、装运货物或其他特殊用途的运载工具。它一般没有动力装置，必须把车辆连挂成列，由机车牵引才能沿线路运行。车辆组成主要由车体、底架、走行部、车钩缓冲装置、制动装置等部分组成。车体可分为客车车体或货车车体，根据不同的需要又可分为很多种类型车体。底架是承接车体和货物的重量并通过上心盘将重量传给转向架的部分。走行部是承接车辆的重量并在钢轨上运行的部分。车钩缓冲装置是在机车、车辆的底架两端装设的供连挂并使纵向冲击减少的装置。制动装置是在列车运行中用来减速或停车的设备。

## 三、实验仪器、设备

车钩模型，各种货车模型，各型转向架，空气制动模拟设备。

## 四、实验内容

1．车辆的分类

车辆按用途可分为客车和货车两大类。

1）客车

运送旅客且供坐卧饮食等所用的车辆称为客车（见图 1-1）。供旅客乘坐的车辆主要有硬座车、软座车、硬卧车、软卧车及双层车；为旅客服务的车辆主要有餐车、行李车（供运送旅客行李及物品，车内设有行李间及行李员办公室等设备）、特种用途车辆（主要有邮政车、空调发电车、公务车、医疗车、卫生车等）。

硬座车　　硬卧车　　行李车

图 1-1　客车

结合客车模型，了解各种客车模型的类型。

2）货车

铁路货车按其用途不同分为通用货车、专用货车、特种货车 3 类。

（1）通用货车。

① 敞车：敞车车体由端墙、侧墙及地板组成，主要用来运送煤炭、矿石、钢材等不怕湿的货物（见图 1-2）。必要时也可以加盖防水篷布，代替棚车装运怕湿货物。敞车具有很大的通用性，是货车中数量最多的一种。

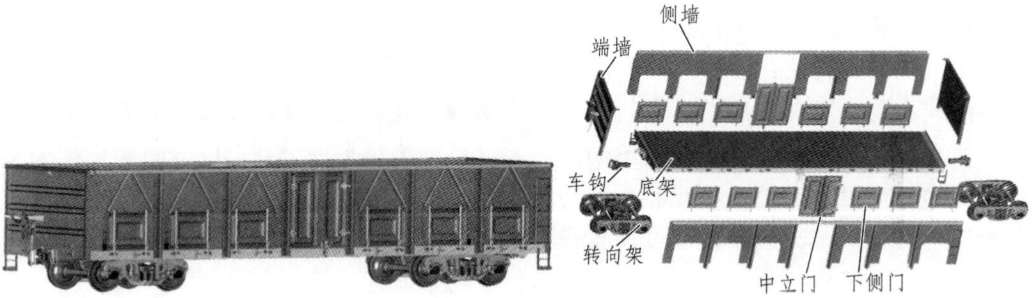


图 1-2　敞车

② 棚车：棚车车体由地板、侧墙、端墙、车顶、门和窗组成，主要用来运送粮食、日用品及其他比较贵重怕湿的货物（见图 1-3）。

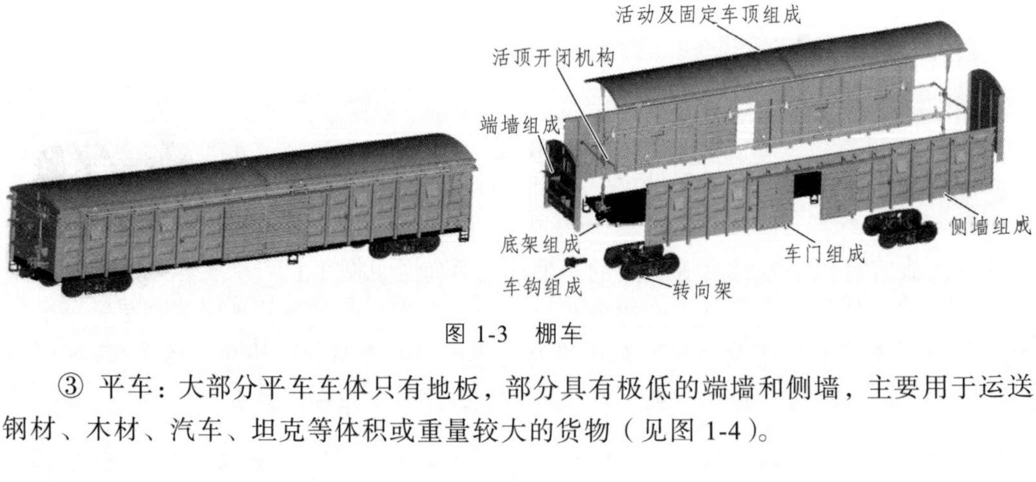


图 1-3　棚车

③ 平车：大部分平车车体只有地板，部分具有极低的端墙和侧墙，主要用于运送钢材、木材、汽车、坦克等体积或重量较大的货物（见图 1-4）。

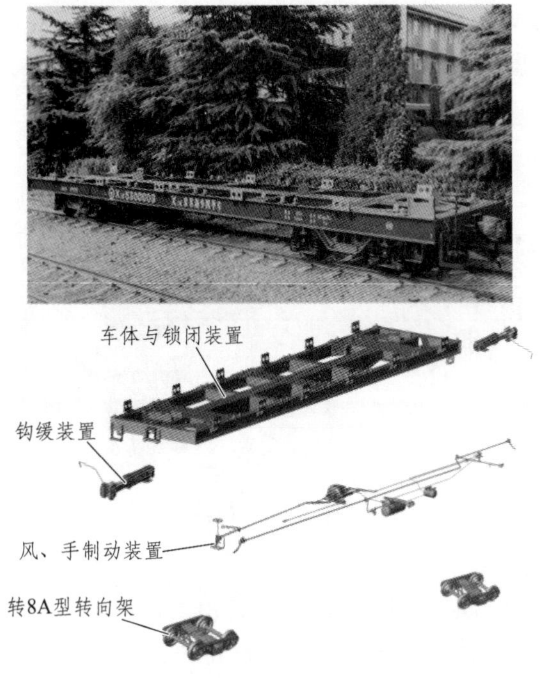


图 1-4　平车

④ 冷藏车：主要用来运送鱼、肉、水果、蔬菜等鲜活易腐货物，内有制冷设备和加温设备（见图 1-5）。

图 1-5　冷藏车

⑤ 罐车：罐车主要用来运送各种液体、液化气体和粉末状（水泥、氧化铅粉）货物等（见图 1-6）。新型罐车不设底架。

图 1-6　罐车

（2）专用货车。

① 矿石车：车体有固定的侧、端墙和卸货用的特殊车门。主要用于运输矿石，煤炭等货物（见图 1-7）。具体分为漏斗车和自翻车。

图 1-7　矿石车

② 水泥车：为密封式罐型车体，车顶有装水泥的舱孔，设气卸式卸货装置，用压力空气卸货，供运输散装水泥之用（见图 1-8）。

图 1-8　水泥车

③ 集装箱车：无车底板和车墙板，车底架上设固定式、翻转式锁闭装置和门止挡，以便锁闭集装箱，供运输各种系列集装箱之用（见图 1-9）。

图 1-9　集装箱车

④ 长大货物车：车体长度在 19 m 以上，无墙板，载重 70 t 以上（见图 1-10），用以装运各种长大重型货物（如大型机床、发电机、化工合成塔等）。按其结构形式可分为钳夹式长大货车凹底平车、落下孔车等。

图 1-10　长大货物车

（3）特种用途车。

按特种用途设计制造的货车，其结构和用途都有所不同，如检衡车、救援车、除雪车等（见图 1-11）。

图 1-11　特种用途车

3）实验要求

结合货车模型，分清楚各种车辆模型的用途。

2．车辆构造

1）车体

车体是乘坐旅客和装载货物的部分。车体一般和车底架构成一个整体，其结构形式与车辆的用途有关。车辆底架是车体的基础，它不仅承受车体和所装人、货物的重量，在列车运行时还承受机车牵引力和列车运行中所引起的各种冲击力，因此底架必须具有足够的强度和刚度（见图 1-12）。

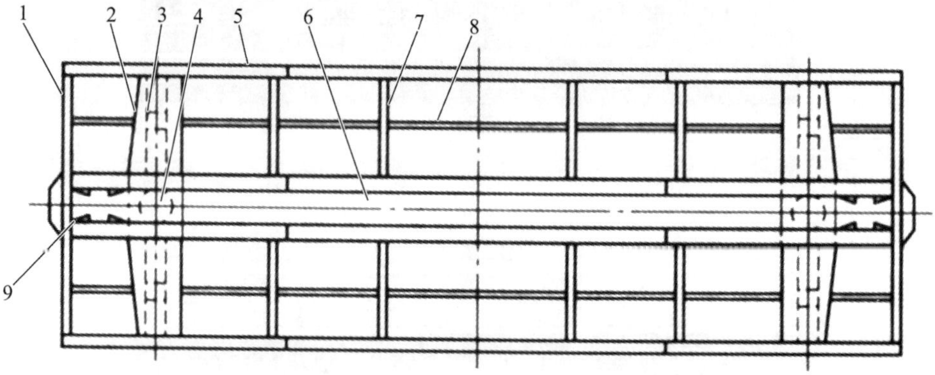


1—端梁；2—枕梁；3—上旁承；4—上心盘；5—侧梁；6—中梁；
7—大横梁；8—地板托梁；9—从板座。

图 1-12　车辆底架

棚车车体由端墙、侧墙、地板、车顶、门窗等部分组成。

敞车车体由地板、侧墙和端墙组成。

平车车体只有地板，没有固定的侧墙和端墙。

冷藏车车体与棚车车体外形相似，为了减少太阳辐射热，车体外表为银灰色，墙板夹层装有隔热材料，车内设加温、制冷、测温和通风装置。

罐车的车体为圆筒形，具有较大的强度和刚度。罐体设有安全阀等设备：当外界温度发生变化时，罐内压力超过一定数值，安全阀自动打开放气；罐内压力低于一定数值时，通过安全阀补气，以保证运行安全。

客车车体采用薄壁筒形结构，由底架、侧墙、车顶、内外端墙、门窗等组成。

要求：结合实验室各种车辆模型，掌握各种车辆车体的组成。

2）走行部

走行部的作用是引导车辆沿轨道运行，并将车辆的全部重量传给钢轨。它应保证车辆以最小的阻力在轨道上运行，并顺利地通过曲线。

我国铁路的货车大部分都是四轴货车，其走行部由两台相同并独立的二轴转向架组成。

采用转向架的形式可以缩短车辆的固定轴距，车体与转向架之间可以相对自由转动，便于通过曲线。同时，转向架的结构也可使车辆的载重量、长度和容积有所增加，运行品质得到改善，满足了现代铁路运输的发展。

每一个转向架由两组轮对、轴箱油润装置、侧架、摇枕、弹簧减振装置等组成一个整体结构（见图 1-13），铸钢侧架式货车转向架是我国铁路上广泛使用的一种货车转向架。

图 1-13　转向架

（1）轮对。

车轮与钢轨头部的接触面称为踏面，踏面为圆锥体。踏面做成有一定的斜度（1/20）的圆锥体的理由为：可使车辆的重心落在线路中心线上，以减少或避免车辆的蛇行运动，使轮对较顺利地通过曲线，减少车轮在钢轨上的滑行；在直线上运行时，使车辆的复原性好。由于踏面上设有斜度，为了使轨面与踏面接触良好，钢轨铺设时也使它向线路中心具有 1∶40 的轨底坡。

实验要求：结合实验室转向架模型，仔细观察车轮在钢轨上的运行过程。

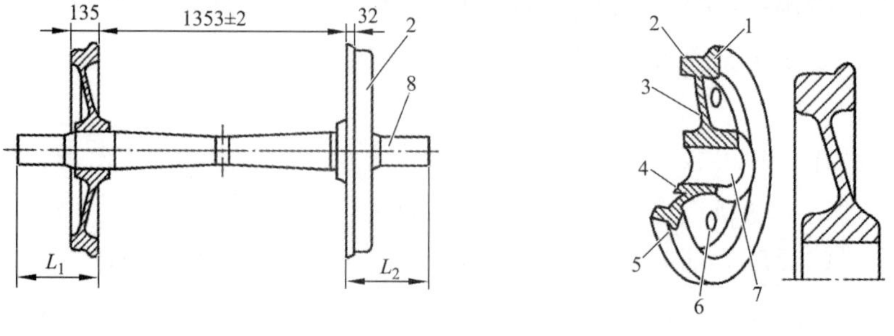


（a）　　　　（b）

1—轮辋；2—踏面；3—辐板；4—轮毂；5—轮缘；6—工艺孔；7—轮毂孔；8—车轴。

图 1-14　轮对和车轮

（2）轴箱油润装置。

轴箱油润装置（见图 1-15）的作用是使轮对和侧架或构架联结在一起，将车辆的重量传给轮对，润滑轴颈，减少摩擦，降低运行阻力。

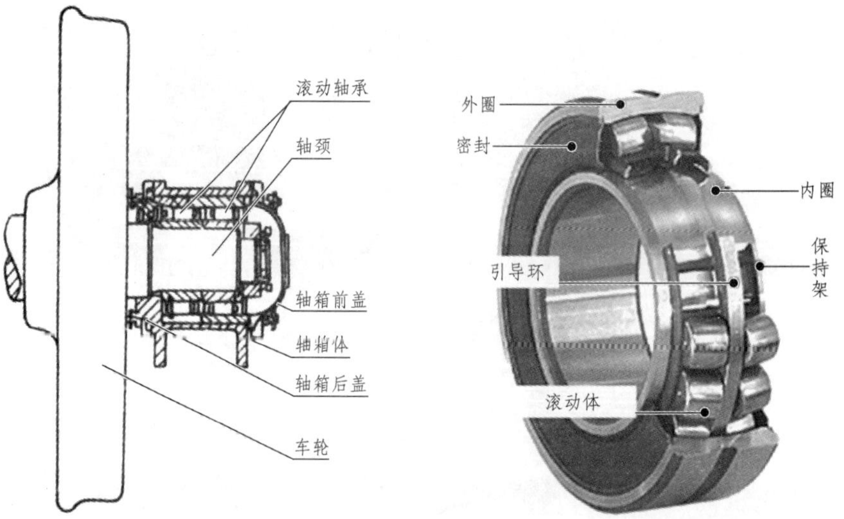


图 1-15　轴箱润滑装置

铁路车辆上有两种类型的轴箱装置，即滚动轴承轴箱和滑动轴承轴箱装置。滑动轴承的主要缺点是运行阻力大，使用和保养不慎时容易发生燃轴事故，故逐步被淘汰。现在主要采用的是滚动轴承轴箱。滚动轴承轴箱油润装置的主要特点是：能降低车辆起动阻力和运行阻力（起动阻力可以降低 85% 左右），在牵引力相同的条件下，可以提高列车牵引重量和运行速度；滚动轴承承载较均匀，很少发生热轴故障；同时滚动轴承密封严密，一般都使用润滑脂，不易甩出及挥发，可以延长检修周期。

（3）侧架。

侧架采用整体铸造，作用是把轮对和轴箱、弹簧等组成一个整体。车体底架以及货物的重量通过转向架各部件传至钢轨的顺序是：

上心盘→下心盘→摇枕→摇枕弹簧→弹簧承台→侧架→承载鞍（轴箱）→滚动轴承→轴→车轮→钢轨。

（4）摇枕。

摇枕具有箱形断面，并制成鱼腹形。

摇枕中间用螺栓固定下心盘，两旁铸有旁承座，车体的重量和载荷通过下心盘经摇枕传给两侧的枕弹簧，并通过摇枕将两个侧架联系起来（见图 1-16）。

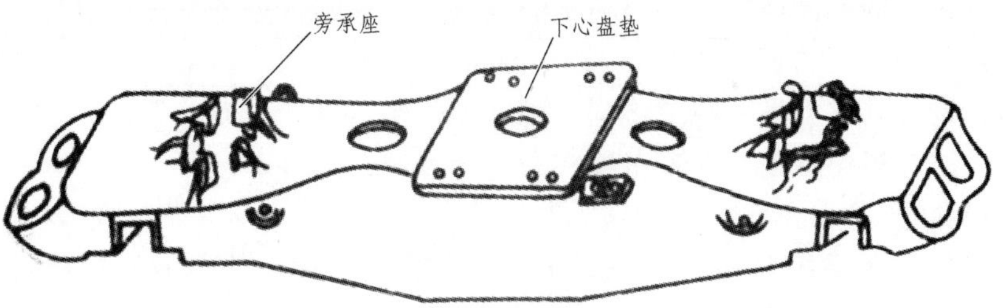


图 1-16　摇枕

（5）弹簧减振装置。

弹簧减震装置的作用是缓和或消减车辆运行受到的冲击和振动，由摇枕弹簧和减震器组成。

3）车钩缓冲装置

车钩缓冲装置安装在车辆底架的两端（见图 1-17），其作用是使机车和车辆或车辆之间连挂在一起，并且传递牵引力和制动力，缓和列车运行或调车作业时所产生的冲击力。

车钩缓冲装置包括车钩、缓冲器两部分，安装在车底架中梁的两端。

图 1-17　车钩缓冲装置

（1）车钩。

车钩由钩头、钩身和钩尾三个部分组成。钩头里装有钩舌、钩舌销、钩提销、钩舌推铁和钩锁铁等零部件。

车钩具有锁闭、开锁、全开三种状态。车辆连挂后车钩应处于闭锁状态以保证列车运行时车钩不能分离；摘解车辆时，车钩应具开锁状态，以便车辆分离；连挂车辆时，某一车钩应具有全开状态，车钩钩舌完全张开，以便两钩连挂。车钩的这三个状态是通过钩头内钩锁铁、钩舌推铁、上（或下）锁销位置的变换而实现的。

锁闭位置：车钩的钩舌被钩锁铁挡住不能向外转开的位置。

开锁位置：钩锁铁已被提起，钩舌可以向外转开的位置。

全开位置：钩舌已经完全向外转开的位置。当钩锁铁处于开锁位置后，如果继续提开锁提销，钩锁铁的顶部被钩头内肩阻挡而使钩锁铁向后转动，带动钩舌推铁，使推铁转动，钩舌推铁的另一端就将钩舌推开，使钩舌处于全开位置。

要求：结合车钩模型，观察车钩三态变化过程。

（2）缓冲器。

缓冲器的作用是缓和并衰减列车在起动、制动及调车作业时产生的冲击力，提高车辆运行的平稳性，延长车辆的使用寿命，减少货物的损坏以及增加旅客旅行的舒适感。ST 型缓冲器如图 1-18 所示。

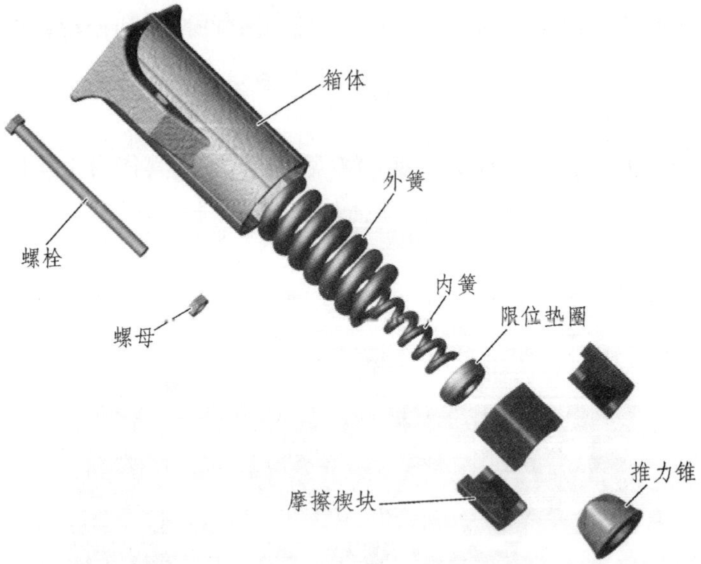


图 1-18　ST 型缓冲器

4）车辆制动实验

我国机车车辆上安装的制动机主要有空气制动机、人力制动机。空气制动机也叫自动制动机，是利用压缩空气产生制动力，一般作为列车制动用。人力制动机是用人力进行制动的，一般只在调车时对个别车辆或车组实行制动用。

车辆上的制动装置一般包括空气制动机、人力制动机和基础制动装置三个部分（见图 1-19）。

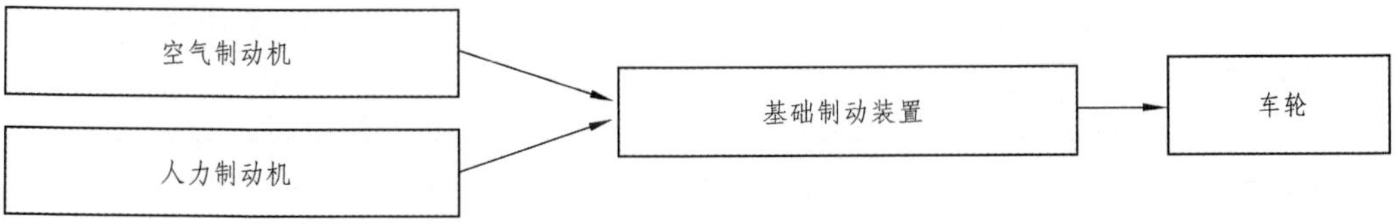


图 1-19　车辆制动

（1）GK 空气制动机原理实验

GK空气制动机分为两部分，一部分装在机车上，另一部分装在车辆上（见图1-20）。制动的基本原理是增压缓解、减压制动。

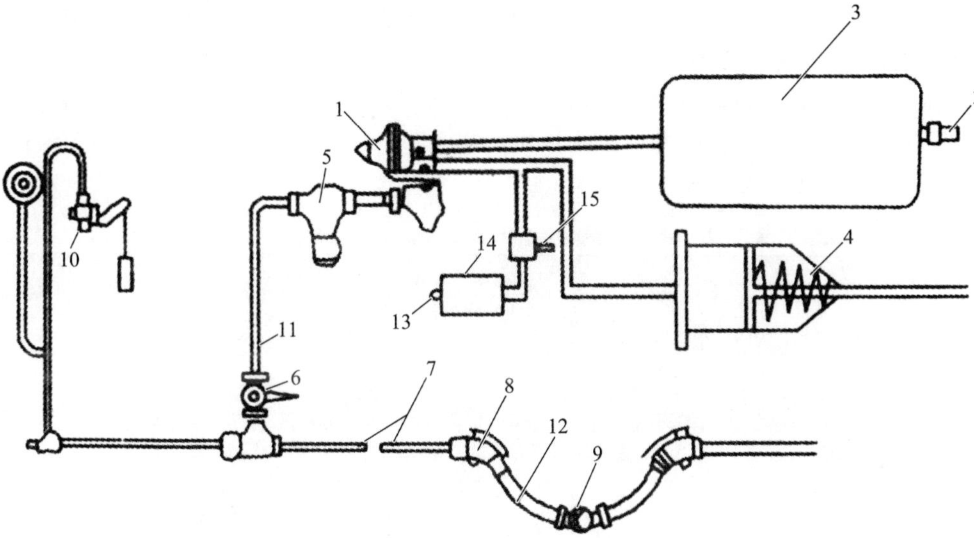


1—三通阀；2—缓解阀；3—副风缸；4—制动缸；5—远心集尘器；6—截断塞门；7—制动主管；8—折角塞门；9—连接器；10—车长阀；11—制动支管；12—软管；13—安全阀；14—降压风缸；15—空重车转换手把。

图 1-20　GK 空气制动机

装在机车上的部件有空气压缩机、总风缸、制动阀等。由空气压缩机产生的压缩空气储存在总风缸内。列车中车辆的制动与缓解作用，由机车司机操纵制动阀来实现。

制动主管：安装在车底架下面，它贯通全车，是传送压缩空气的管路。它的两端装有折角塞门和制动软管，并用软管连接器与邻车的软管相连。

折角塞：折角塞门用以开通或关闭制动主管与制动软管之间的压力空气通路，以便车辆连挂。

截断塞门：安装在制动支管上，用以开通或遮断制动支管的空气通路。它平时总在开放位置，只有当车辆上所装的货物按规定应停止制动机的作用，或当制动机发生故障时，才将它关闭，以便停止该辆车的制动机作用。

远心集尘器：利用离心力的作用，将压缩空气中的灰尘、水分、铁锈等杂质，沉淀于集尘器的下部，以免进入三通阀等机件。

三通阀：是车辆制动机中最重要的部件。它连接制动支管、副风缸和制动缸，用来控制压缩空气的通路，使制动机起制动或缓解作用。

副风缸：是储存压缩空气的地方。制动时，利用三通阀的作用将压缩空气送入制动缸起制动作用。

制动缸：当压缩空气进入制动缸后，推动制动缸鞲鞴，将空气的压力转变为机械推力，然后通过制动杠杆使闸瓦紧抱车轮而起制动作用。

降压风缸：它与制动缸相连，两者之间设有空重车调整装置，可满足空、重车不同制动压力的要求。

实验要求：结合货车车辆模型，找出 GK 空气制动机对应的设备，理解何为关门车（列车截断塞门关闭的车辆，该车辆的制动装置在列车运行过程中不起作用）。

（2）GK 型三通阀实验。

GK 型三通阀是 GK 型制动机最主要的部件，其与制动管、副风缸、制动缸三者相通，称为三通阀。三通阀是控制制动机的核心部件，一旦发生故障，整个制动机将失效，会危及行车安全，如图 1-21 所示。

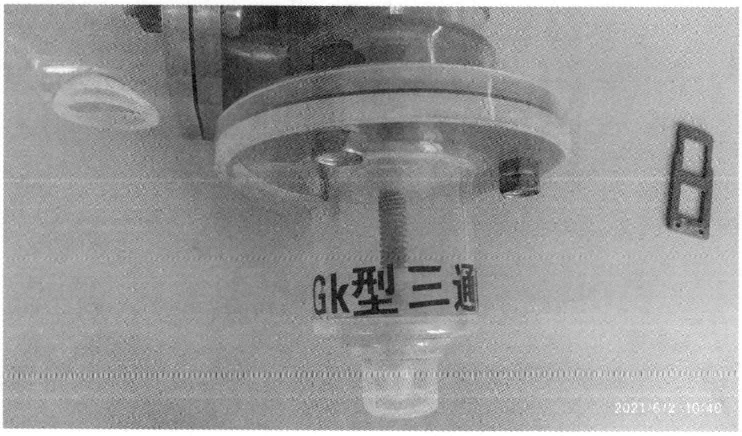


图 1-21　GK 型三通阀

减速充气减速缓解作用位：当制动管充气增压时，由于前部车辆制动管增压速度较快，主活塞两侧产生较大压力差。主活塞克服移动阻力迅速推动滑阀、节制阀向内移动，使主活塞杆尾部接触减速弹簧套并压缩减速弹簧，直至主活塞内侧环状凸起与滑阀套接触，形成减速充气减速缓解作用位，如图 1-22 所示。

制动管压缩空气经主充气沟→限制充气沟→滑阀室充入副风缸。由于副风缸的充气受限制充气沟的限制，充气速度缓慢，故称为减速充气通路。

制动缸压缩空气经制动缸孔→缓解联络槽→减速缓解孔→排气口排入大气。制动缸压缩空气只能经较小的减速缓解孔慢慢排入大气，称为减速缓解通路。

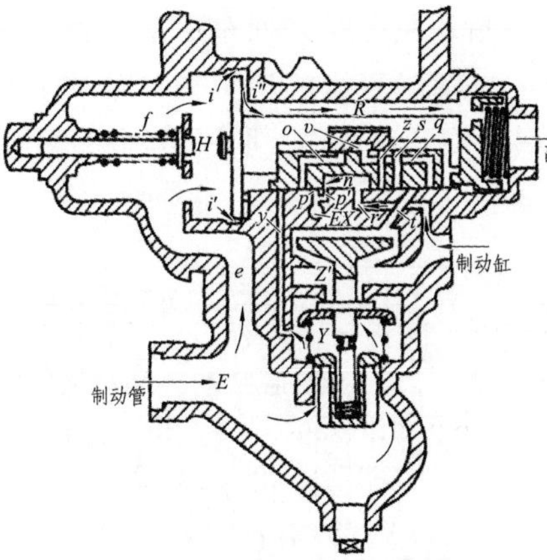


主活塞：$i''$—限制充气沟。
节制阀：$v$—急制动联络槽。
滑　阀：$s$—紧急制动孔；$z$—常用制动孔；$o$—急制动入孔；$q$—急制动出孔；$B$—缺口；
$n$—缓解联络槽。
滑阀座：$y$—旁道孔；$p$—全缓解孔；$t$—紧急活塞上部孔；$p'$—减速缓解孔；$r$—制动缸孔。

图 1-22　GK 型三通阀减速充气减速缓解位

全充气全缓解作用位：当制动管充气增压时，由于后部车辆制动管增压速度较慢，三通阀主活塞外侧压力上升较慢，主活塞两侧形成较小的压力差。主活塞克服移动阻力推动滑阀、节制阀向内移动。主活塞部接触减速弹簧套，但不能压缩减速弹簧，形成全充气全缓解作用位，如图 1-23 所示。

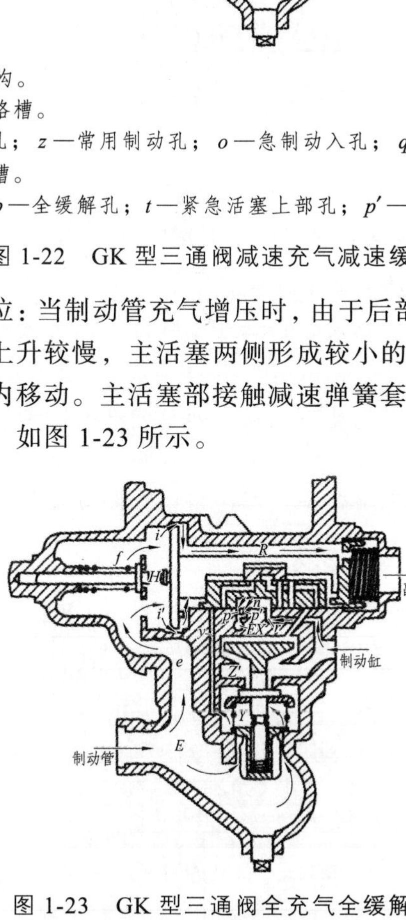


图 1-23　GK 型三通阀全充气全缓解位

制动管压缩空气经主充气沟和副充气沟→滑阀室充入副风缸。由于主充气沟和副充气沟都开通，限制充气沟不起作用，充气通路面积增大，充气速度快，称为全充气通路。

制动缸压缩空气经制动缸孔→缓解联络槽→全缓解孔和减速缓解孔→排气口排入大气。制动缸压缩空气同时经全缓解孔和减速缓解孔排入大气，排气速度快，称为全缓解通路。

常用急制动作用位：常用制动减压时，列车后部车辆的制动管减速速度较慢，主活塞两侧产生的压力差较小，主活塞克服移动阻力，带动滑阀、节制阀向外移动到主活塞头部接触递动杆停止，不压缩递动弹簧，形成常用急制动作用位，如图 1-24 所示。

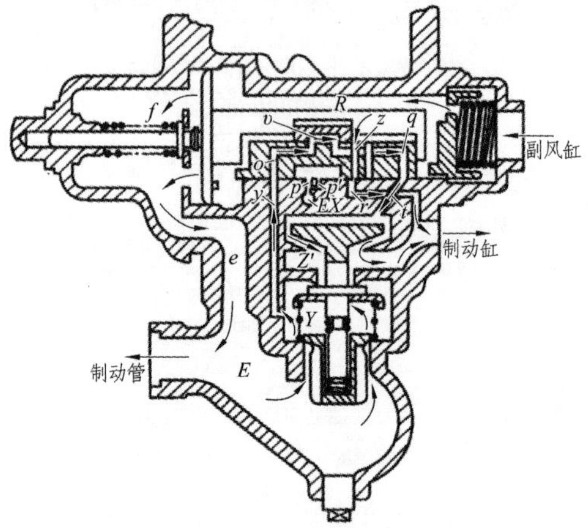


图 1-24　GK 型三通阀常用急制动位

滑阀上的常用制动孔与滑阀座上的制动缸孔对上一半，节制阀在滑阀上部露出常用制动孔，使副风缸压缩空气经滑阀室→常用制动孔→制动缸孔（半开）→制动缸，产生制动作用。

常用全制动作用位：常用制动减压时，列车前部的制动管减压速度较快，主活塞两侧产生较大压力差，克服移动阻力，带动节制阀、推动滑阀向外移动，主活塞头部接触递动杆头部稍压缩递动弹簧停止，形成常用全制动作用位，如图 1-25 所示。

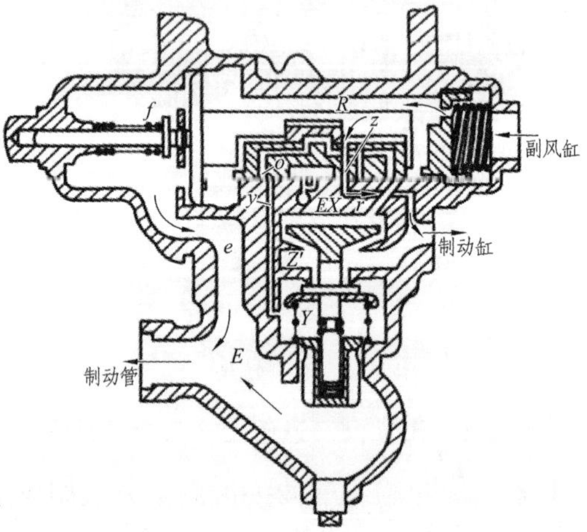


图 1-25　GK 型三通阀常用全制动位

滑阀上的常用制动孔与滑阀座上的制动缸孔对上了，制动缸孔全开。节制阀露出滑阀上部的常用制动孔，使副风缸压缩空气经滑阀室→常用制动孔→制动缸孔（全开）→制动缸，产生制动作用。

紧急制动作用：在列车运行过程中，遇到意外紧急情况时，操纵自动制动阀或紧急制动阀使制动管以极快的速度大量减压，三通阀主活塞两侧迅速产生极大压力差，主活塞带动节制阀和滑阀迅速向外侧移动，接触递动杆后全压缩递动弹簧，到达外侧极端位，形成紧急制动位作用。

第一阶段，制动缸压力初跃升阶段，在 1 s 内即跃升 200 kPa 左右；第二阶段，制动缸压力缓升阶段，经 5 ~ 6 s，制动缸压力又上升 100 ~ 130 kPa；第三阶段，制动缸压力再跃升阶段，经过 1 ~ 1.5 s，制动缸压力又迅速跃升 50 ~ 60 kPa，如图 1-26 所示。

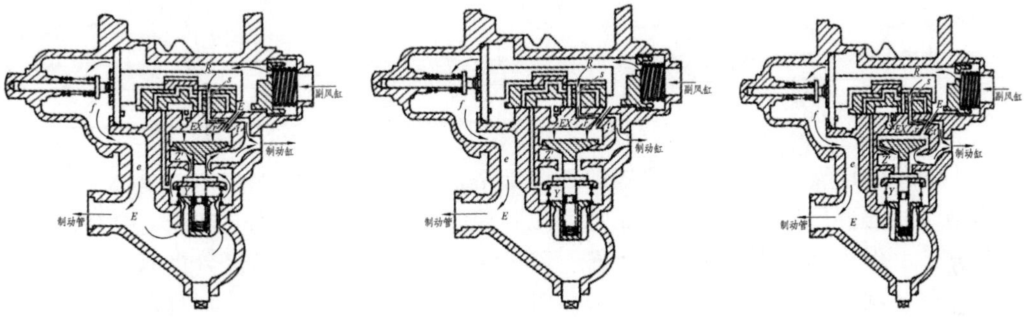


（a）第一阶段　　（b）第二阶段　　（c）第三阶段

图 1-26　GK 型三通阀紧急制动

（3）104 阀实验。

104 型分配阀由主阀、紧急阀、中间体三部分组成，如图 1-27 和图 1-28 所示。

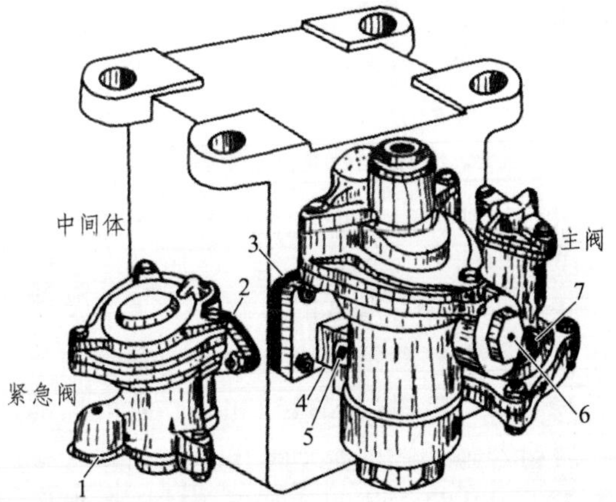


1—紧急阀排气口；2—紧急阀垫；3—主阀垫；4—局减室排气口；5—作用部排气口；6—局减阀大气孔；7—均衡部排气口。

图 1-27　104 阀结构外形

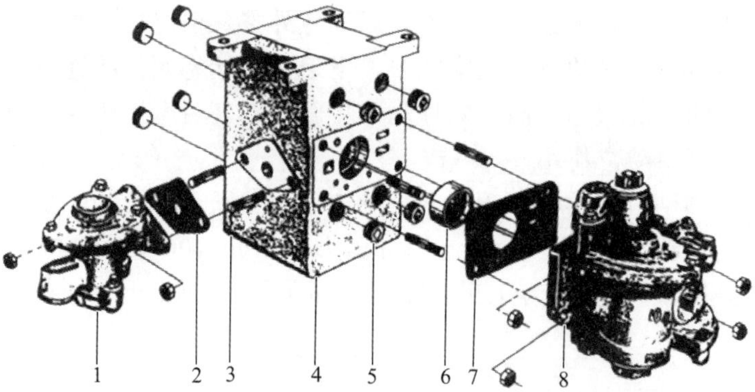


1—紧急阀；2—紧急阀垫；3—双头螺栓；4—中间体；
5—螺堵；6—滤尘器；7—主阀垫；8—主阀。

图 1-28 104 阀组成

中间体用以安装主阀、紧急阀及连通管路，并把分配阀装于车体。主阀是分配阀中的最主要部件，根据制动管的压力变化，控制制动机实现充气、缓解、制动、保压等作用，由作用部、充气部、均衡部、局减阀、紧急增压阀等 5 部分组成，如图 1-29 所示。紧急阀的用途是在紧急制动减压时，产生强烈的制动管紧急局部减压，加快制动管的排气速度，提高列车制动机紧急制动的可靠性，提高紧急制动波速，改善紧急制动性能。

充气缓解：向制动管充气增压时，压缩空气进入中间体后一路经过滤尘器进入主阀，另一路经过滤尘网进入紧急阀。进入主阀的压缩空气到主活塞上侧，将主活塞推向下方，主活塞即带动节制阀及滑阀下移，当主活塞下移到主活塞下缘接触主阀体即下方极端位，即形成作用部的充气缓解位。

制动机的稳定性：在制动管减压速度缓慢（如轻微泄露）时不发生制动作用的性能称为制动机的稳定性。制动机都应有一定的稳定性，以防止列车在非正常减压的轻微漏泄速度下，制动机发生制动作用而影响正常运行。

常用制动作用位：当列车在运行中需要减速或进站停车时，可通过常用制动作用位来实现。列车施行常用制动前分配阀处于充气缓解状态。制动管施行常用制动减压时，由于制动管减压速度较快，压力风缸的压缩空气来不及向制动管逆流，主活塞两侧形成一定压力差，克服自重及移动阻力压缩稳定弹簧带动节制阀上移，然后带动滑阀上移到制动位，先后产生第一阶段局部减压和第二阶段局部减压机制动作用。

制动保压作用位：制动管施行常用制动减压，当制动管减压量达到所要求的减压量，将自动制动阀手把置于保压位，使制动管停止减压而保压。此时由于作用部仍处于制动位，压力风缸经滑阀和滑阀座上的制动通路继续向容积室充气，使压力风缸压力继续下降，与压力风缸相通的主活塞下部压力继续下降。当主活塞两侧的制动管与压力风缸的空气压力接近平衡时，在主活塞即节制阀的自重及稳定弹簧弹力作用下，主活塞带动节制阀下移 4 mm（滑阀不动），主活塞杆上肩部与滑阀上端面接触而停止，形成了作用部的制动保压位。

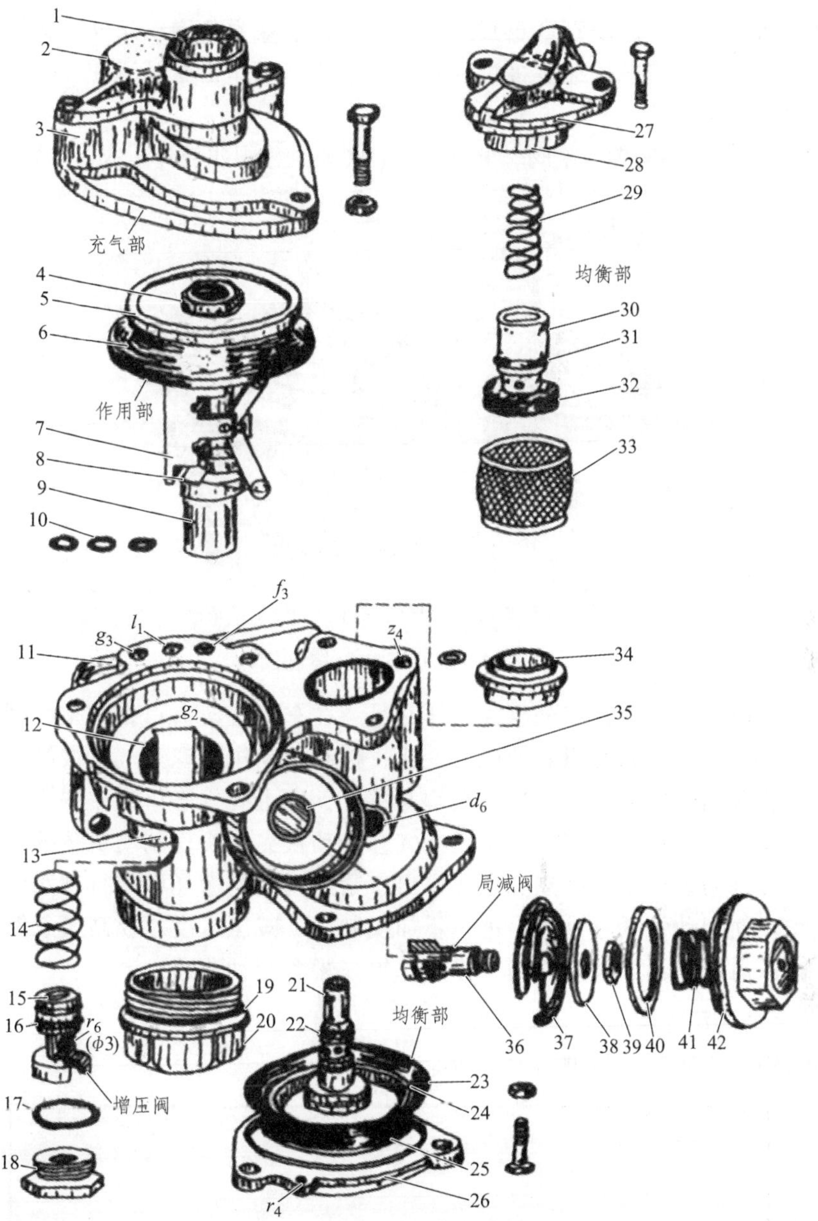


1—止回阀盖；2—充气阀体；3—主阀上盖；4—主活塞压板螺母；5—主活塞压板；6—主活塞膜板；7—滑阀；8—滑阀弹簧；9—主活塞杆；10、16、17、19、22、31—密封圈；11—主阀体；12—滑阀套；13—增压阀套；14—增压阀弹簧；15—增压阀；18—增压阀盖；20—主阀下盖；21—作用活塞杆；23—作用活塞膜板；24—作用活塞；25—作用活塞压板；26—作用阀下盖；27—作用阀上盖；28—作用阀杆套；29—作用阀弹簧；30—作用阀杆；32—作用阀；33—滤尘套；34—作用阀座；35—局减阀套；36—局减阀；37—局减膜板；38—局减活塞；39—局减活塞螺母；40—压圈；41—局减阀弹簧；42—局减阀盖。

图 1-29　104 型分配阀主阀组成

紧急制动作用位：制动管紧急减压，主阀的作用除紧急增压阀外，均与常用制动相仿，只是由于制动管减压速度极快，相应主阀各部动作也更加迅速。

（4）120 阀实验

120 型控制阀由中间体、主阀、半自动缓解阀和紧急阀四部分组成，如图 1-30 所示。

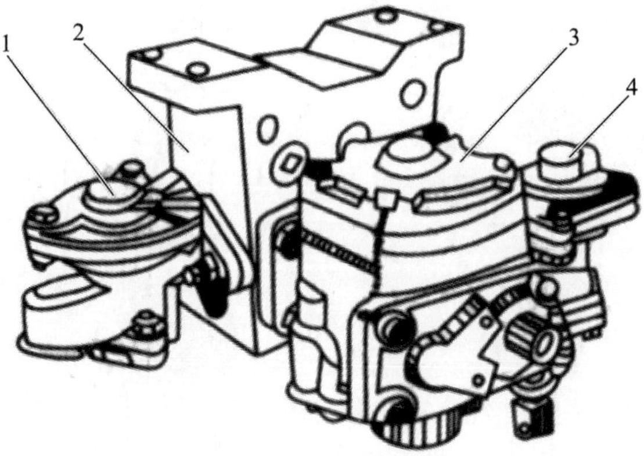


1—紧急阀；2—中间体；3—主阀；4—半自动缓解阀。

图 1-30　120 型空气控制阀

中间体用以把控制阀各部分组成一体并吊装在车辆底架上；主阀是控制阀的心脏部件，根据制动管的不同而引起的压力变化，控制制动机实现充气、缓解、制动、保压等作用；缓解阀的用途是人工拉动缓解阀拉杆，使主阀排气口或缓解活塞部下方排气口开始排气，松开拉杆，制动缸压缩空气会自动排完，实现制动机缓解，也可一直拉动拉杆，将制动系统的压缩空气全部排出；紧急阀的用途是在施行列车管紧急减压时，产生动作使制动管紧急排气，进一步加快制动管减压速度，提高紧急制动作用的灵敏度，确保后部车辆产生紧急制动作用，提高紧急制动波速。

5）车辆主要尺寸实验

车辆结构尺寸如图 1-31 所示，其中：

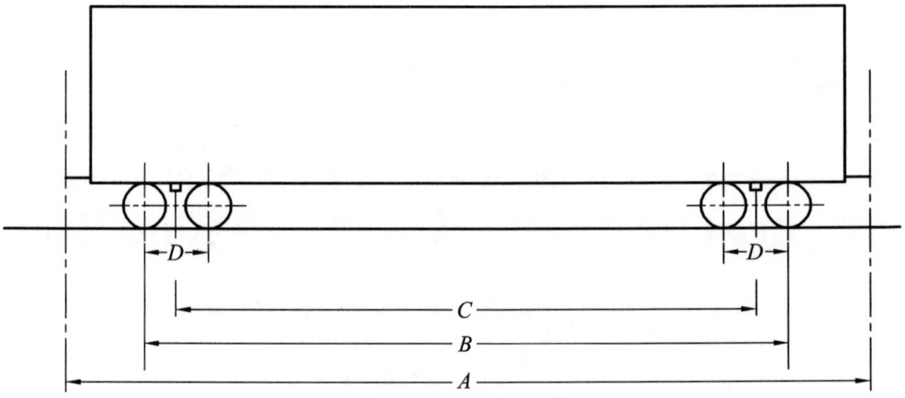


图 1-31　车辆结构尺寸

*A*：车辆全长，指车辆两端的车钩均在闭锁位置时，钩舌内侧面之间的距离。
*B*：车辆全轴距，指任何车辆最前位车轴和最后位车轴中心线间的距离。
*C*：车辆定距又称车辆销距，是车辆底架两心盘中心线之间的水平距离。
*D*：车辆固定轴距，指同一转向架最前位车轴和最后位车轴中心线间的距离。

## 五、实验报告要求

（1）认真完成实验报告，报告要用实验报告纸，书写工整，按时上交。
（2）对思考题应能依据实验过程做出相应的回答。

## 六、思考题

（1）简述车辆的作用和分类。
（2）简述车辆转向架的组成。
（3）简述 GK 型空气制动机的作用原理和特点。
（4）简述 104 阀的组成及作用。

# 实验二　列车牵引计算仿真实验

## 一、实验目的

（1）掌握牵引计算过程中列车在牵引、惰行、制动情况下的受力情况。

（2）掌握计算机牵引计算的计算方法和步骤。

（3）掌握牵引计算后输出的结果，包括速度时分曲线、能耗曲线、工况转换曲线等。

（4）掌握计算机牵引计算中，不同计算参数对于计算结果的影响。

## 二、实验内容

（1）熟悉牵引计算软件，认识软件界面与功能。

（2）线路数据录入与编辑：编辑线路数据包括文本和图形两种方式。输入实验线路的线路数据，包括坡道的坡段起点、坡度、坡段长度等数据；曲线段的曲线起点、曲线半径、曲线长度等数据；车站名称、车站中心位置等数据；线路数据的编辑、修改、删除等操作；线路文件的保存；线路数据的有效性检查；线路数据导入导出 Excel 文件。

（3）动车数据录入与编辑：输入动车数据，如牵引力特性曲线、制动力特性曲线等；输入拖车数据，如拖车长度、载重等。

（4）根据动车和拖车数据编组和定义列车，掌握列车牵引计算过程中所需要的基础数据，包括线路数据、车站数据、机车车辆数据等。

（5）在给定线路和编组条件下进行列车牵引计算的计算机自动计算，分析不同计算曲线的含义，包括 VS 曲线、TS 曲线、HS 曲线、ES 曲线和 IS 曲线。

（6）不同计算参数对计算结果的影响，包括限速误差、接续误差和速度波动幅度对计算结果的差异分析。

（7）不同计算模式下，分别观察计算差异，包括快算模式、动画模式和手算模式。

（8）列车牵引计算的计算结果处理，包括计算结果的显示设置，多种方式保存计算结果，以及图形化计算结果处理、中间数据处理和分区间数据综合分析。

（9）将计算结果保存为 AutoCad 能够处理的格式，导入 AutoCad，并生成 AutoCad 格式的图形。

## 三、实验仪器、设备

配套软件：（1）城市轨道交通列车牵引计算系统；（2）Excel 软件；（3）AutoCad 软件。

## 四、实验原理

根据《列车牵引计算规程》和《列车牵引计算》的要求及内容，运用计算机模拟的方法，实现列车牵引计算的计算机自动计算以及列车运行模拟的过程。通过计算机计算列车区间运行时分、检验列车牵引重量、检验列车牵引和制动能力、提供列车操纵方案、分析列车牵引能耗、计算验证设计线路平纵断面等列车牵引计算与运行模拟的内容，为铁路线路设计、机车车辆选型、运行实验等提供借鉴。

本次实验通过教师讲解、演示和上机操作实验，掌握牵引电算的步骤、内容、方式和计算结果，从而加深对计算机牵引计算与列车运行模拟的理解，并了解实际应用中牵引电算的作用和能力。

## 五、实验步骤

1．熟悉和认知系统

打开系统，进入主界面，如图 2-1 所示。

图 2-1　牵引计算软件主界面

从“线路文件”菜单选择“线路数据编辑”，或者单击“线路”按钮，进入线路编辑界面，如图 2-2 所示。

图 2-2　线路文件编辑界面

注意，线路编辑中包含四个页面，前三个为文本编辑窗口，即坡段数据、曲线数据和车站数据，最后一个是图形编辑窗口，可以同时对坡段数据、曲线数据和车站数据进行可视化编辑。

从“线路文件”菜单单击“列车数据编辑”，或者单击“机辆”按钮进入机车和车辆数据编辑系统，如图 2-3 所示。

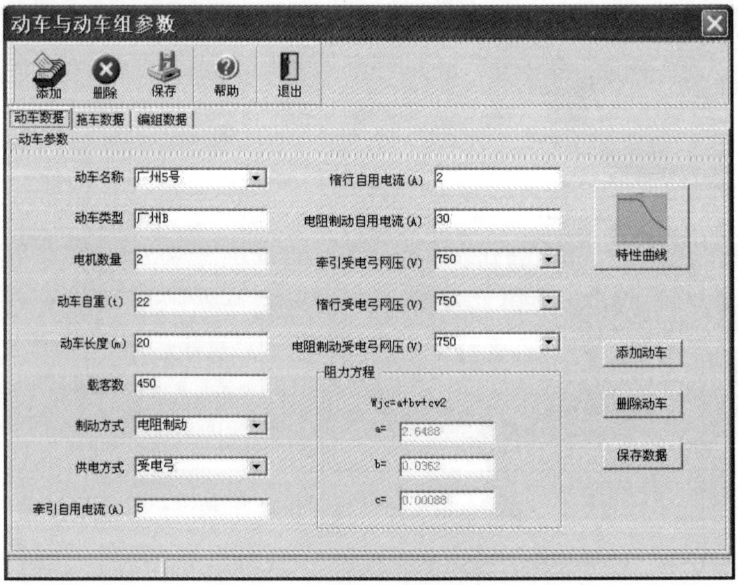


图 2-3　列车数据编辑界面

然后，选择“动车数据”页面，在“动车名称”选择框中选择一个动车，单击“特性曲线”按钮，可以查看被选动车的特性曲线数据和特性曲线。同样，可以在“拖车数据”页面和“编组数据”页面查看拖车数据和列车编组数据。

2．数据录入

（1）线路数据编辑。

① 文本方式录入坡段数据。进入“线路文件编辑”界面，在“线路数据文本编辑”页面，开始录入表 2-1 所示实验线路的坡段数据。

表 2-1　示例线路的坡度数据

| 坡段编号 | 坡段起点/m | 坡度 | 坡段长度/m | 线路方向 | 线路编号 | 长短链 |
|---|---|---|---|---|---|---|
| 1 | 0 | 20 | 550 | 1 | 1 | |
| 2 | 550 | − 6.8 | 230 | 1 | 1 | |
| 3 | 780 | − 3 | 270 | 1 | 1 | |
| 4 | 1 050 | 9.22 | 240 | 1 | 1 | |
| 5 | 1 290 | 3 | 360 | 1 | 1 | |
| 6 | 1 650 | − 3 | 250 | 1 | 1 | |
| 7 | 1 900 | − 23.4 | 400 | 1 | 1 | |
| 8 | 2 300 | 30 | 280 | 1 | 1 | |
| 9 | 2 580 | 3 | 370 | 1 | 1 | |
| 10 | 2 950 | − 5.75 | 450 | 1 | 1 | |
| 11 | 3 400 | 30 | 200 | 1 | 1 | |
| 12 | 3 600 | − 3 | 300 | 1 | 1 | |
| 13 | 3 900 | − 8 | 300 | 1 | 1 | |
| 14 | 4 200 | − 5 | 300 | 1 | 1 | |
| 15 | 4 500 | 10 | 300 | 1 | 1 | |
| 16 | 4 800 | 10.85 | 300 | 1 | 1 | |
| 17 | 5 100 | 10.85 | 250 | 1 | 1 | |
| 18 | 5 350 | − 6.87 | 300 | 1 | 1 | |
| 19 | 5 650 | 10 | 250 | 1 | 1 | |
| 20 | 5 900 | 2 | 350 | 1 | 1 | |
| 21 | 6 250 | 3 | 350 | 1 | 1 | |
| 22 | 6 600 | − 25 | 250 | 1 | 1 | |
| 23 | 6 850 | − 13.8 | 550 | 1 | 1 | |
| 24 | 7 400 | 3 | 400 | 1 | 1 | |

续表

| 坡段编号 | 坡段起点/m | 坡度 | 坡段长度/m | 线路方向 | 线路编号 | 长短链 |
|---|---|---|---|---|---|---|
| 25 | 7 800 | 20 | 250 | 1 | 1 | |
| 26 | 8 050 | 3 | 250 | 1 | 1 | |
| 27 | 8 300 | − 10.69 | 400 | 1 | 1 | |
| 28 | 8 700 | 12 | 500 | 1 | 1 | |
| 29 | 9 200 | − 3 | 280 | 1 | 1 | |
| 30 | 9 480 | − 8 | 180 | 1 | 1 | |
| 31 | 9 660 | − 21.51 | 390.77 | 1 | 1 | |
| 32 | 10 050.77 | − 8 | 200 | 1 | 1 | |
| 33 | 10 250.77 | 3 | 350 | 1 | 1 | |
| 34 | 10 600.77 | − 3 | 390 | 1 | 1 | |
| 35 | 10 990.77 | 9.26 | 210 | 1 | 1 | |
| 36 | 11 200.77 | 15 | 245 | 1 | 1 | |
| 37 | 11 445.77 | − 3 | 215 | 1 | 1 | |
| 38 | 11 660.77 | − 26.67 | 440 | 1 | 1 | |
| 39 | 12 100.77 | 7.11 | 360 | 1 | 1 | |
| 40 | 12 460.77 | 3 | 200 | 1 | 1 | |
| 41 | 12 660.77 | − 15 | 240 | 1 | 1 | |
| 42 | 12 900.77 | − 3 | 250 | 1 | 1 | |
| 43 | 13 150.77 | 15.63 | 350 | 1 | 1 | |
| 44 | 13 500.77 | 30 | 200 | 1 | 1 | |
| 45 | 13 700.77 | 3 | 220 | 1 | 1 | |
| 46 | 13 920.77 | − 7 | 233 | 1 | 1 | |
| 47 | 14 153.77 | − 5 | 163 | 1 | 1 | |
| 48 | 14 316.77 | 3 | 154 | 1 | 1 | |
| 49 | 14 470.77 | − 3 | 230 | 1 | 1 | |
| 50 | 14 700.77 | − 8.92 | 300 | 1 | 1 | |
| 51 | 15 000.77 | 10 | 350 | 1 | 1 | |
| 52 | 15 350.77 | − 3 | 300 | 1 | 1 | |
| 53 | 15 650.77 | − 20 | 200 | 1 | 1 | |
| 54 | 15 850.77 | − 6.27 | 200 | 1 | 1 | |
| 55 | 16 050.77 | 20 | 200 | 1 | 1 | |

续表

| 坡段编号 | 坡段起点/m | 坡度 | 坡段长度/m | 线路方向 | 线路编号 | 长短链 |
|---|---|---|---|---|---|---|
| 56 | 16 250.77 | 25 | 200 | 1 | 1 | |
| 57 | 16 450.77 | 3 | 250 | 1 | 1 | |
| 58 | 16 700.77 | −5 | 300 | 1 | 1 | |
| 59 | 17 000.77 | −19.97 | 300 | 1 | 1 | |
| 60 | 17 300.77 | 15 | 350 | 1 | 1 | |
| 61 | 17 650.77 | 3 | 250 | 1 | 1 | |
| 62 | 17 900.77 | −2 | 320 | 1 | 1 | |
| 63 | 18 220.77 | 28.73 | 550 | 1 | 1 | |
| 64 | 18 770.77 | 3 | 230 | 1 | 1 | |
| 65 | 19 000.77 | 30 | 300 | 1 | 1 | |
| 66 | 19 300.77 | 9 | 400 | 1 | 1 | |
| 67 | 19 700.77 | 6 | 300 | 1 | 1 | |
| 68 | 20 000.77 | 0 | 300 | 1 | 1 | |
| 69 | 20 300.77 | −10 | 250 | 1 | 1 | |
| 70 | 20 550.77 | −3 | 300 | 1 | 1 | |
| 71 | 20 850.77 | 5 | 300 | 1 | 1 | |
| 72 | 21 150.77 | 14 | 250 | 1 | 1 | |
| 73 | 21 400.77 | 0 | 300 | 1 | 1 | |
| 74 | 21 700.77 | −16.9 | 300 | 1 | 1 | |
| 75 | 22 000.77 | 0 | 300 | 1 | 1 | |
| 76 | 22 300.77 | 7 | 300 | 1 | 1 | |
| 77 | 22 600.77 | 0 | 720 | 1 | 1 | |

坡段数据录入完毕以后，单击“保存坡度文件”按钮，将其保存在“line”文件夹下，命名为“Example”。为了防止数据丢失，也可以随时保存。

数据录入注意事项：开始录入坡段数据时，“坡段编号”栏默认为1，不用填写；“线路方向”“线路编号”默认为1，也无须填写；“长短链”根据线路数据要求填写。第一行坡段数据完成后，单击“添加一行”，系统自动新加一行空白坡段，如果没有长短链数据，“坡段起点”数据无须改写，直接填入“坡度”和“坡段长度”两栏数据即可完成第二行数据，同样可以快速填写其他数据。坡段数据保存时，如果第一次保存，则弹出“限速计算参数”对话框，根据默认即可；再次保存时，选择原来文件名，将其覆盖掉。

② 文本方式录入曲线数据。进入“线路文件编辑”界面，在“曲线数据文本编辑”页面，开始录入表 2-2 所示实验线路的曲线数据。

表 2-2 示例线路的曲线数据

| 曲线起点/m | 曲线半径/m | 曲线长度/m | 弯曲方向 | 曲线编号 | 线路编号 | 线路方向 |
|---|---|---|---|---|---|---|
| 724.3 | 500 | 222.9 | 0 | 1 | 1 | 1 |
| 1 587.6 | 400 | 167.7 | 0 | 2 | 1 | 1 |
| 1 781.4 | 400 | 171.6 | 0 | 3 | 1 | 1 |
| 2 100 | 400 | 163.4 | 0 | 4 | 1 | 1 |
| 3 198.6 | 350 | 300.8 | 0 | 5 | 1 | 1 |
| 3 529.9 | 350 | 139.8 | 1 | 6 | 1 | 1 |
| 3 882.6 | 350 | 250.8 | 1 | 7 | 1 | 1 |
| 4 137.2 | 1 000 | 203.3 | 0 | 8 | 1 | 1 |
| 4 855 | 2 000 | 60.8 | 1 | 9 | 1 | 1 |
| 5 315.3 | 400 | 149.2 | 0 | 10 | 1 | 1 |
| 5 529.8 | 600 | 178.1 | 1 | 11 | 1 | 1 |
| 6 143.6 | 1 200 | 110.8 | 0 | 12 | 1 | 1 |
| 6 709 | 400 | 308.1 | 1 | 13 | 1 | 1 |
| 7 268 | 600 | 122.9 | 0 | 14 | 1 | 1 |
| 7 424.4 | 400 | 405.6 | 1 | 15 | 1 | 1 |
| 8 381.7 | 800 | 122.6 | 0 | 16 | 1 | 1 |
| 8 674.6 | 800 | 108.8 | 1 | 17 | 1 | 1 |
| 8 899.5 | 550 | 404.3 | 0 | 18 | 1 | 1 |
| 9 569.6 | 350 | 542.4 | 1 | 19 | 1 | 1 |
| 11 175.9 | 2 000 | 119.2 | 0 | 20 | 1 | 1 |
| 11 353.6 | 3 000 | 74.4 | 1 | 21 | 1 | 1 |
| 11 686.6 | 2 000 | 96.2 | 0 | 22 | 1 | 1 |
| 11 933 | 600 | 209.7 | 1 | 23 | 1 | 1 |
| 12 199.8 | 600 | 269 | 0 | 24 | 1 | 1 |
| 12 704.2 | 2 000 | 86 | 1 | 25 | 1 | 1 |
| 12 829.5 | 600 | 255.9 | 0 | 26 | 1 | 1 |
| 13 255.4 | 3 000 | 107.4 | 1 | 27 | 1 | 1 |
| 13 893.8 | 370 | 140.9 | 0 | 28 | 1 | 1 |
| 14 218.1 | 350 | 169.7 | 1 | 29 | 1 | 1 |

续表

| 曲线起点/m | 曲线半径/m | 曲线长度/m | 弯曲方向 | 曲线编号 | 线路编号 | 线路方向 |
|---|---|---|---|---|---|---|
| 14 408.3 | 2 000 | 52.4 | 0 | 30 | 1 | 1 |
| 14 492.4 | 2 000 | 52.4 | 1 | 31 | 1 | 1 |
| 14 840.5 | 600 | 408.6 | 0 | 32 | 1 | 1 |
| 15 680.1 | 600 | 169 | 1 | 33 | 1 | 1 |
| 16 039.1 | 600 | 364.9 | 0 | 34 | 1 | 1 |
| 17 203.5 | 500 | 463.9 | 1 | 35 | 1 | 1 |
| 17 885.6 | 800 | 119.5 | 0 | 36 | 1 | 1 |
| 18 037.8 | 500 | 162 | 1 | 37 | 1 | 1 |
| 18 466.3 | 400 | 223.8 | 0 | 38 | 1 | 1 |
| 19 045.6 | 500 | 234.3 | 1 | 39 | 1 | 1 |
| 22 677.6 | 400 | 151.5 | 0 | 40 | 1 | 1 |

依次录入“曲线起点”“曲线半径”“曲线长度”和“弯曲方向”，单击“添加一行”，系统自动生成“曲线编号”“线路编号”和“线路方向”，依次填写前面的数据项，完成表格。曲线数据完成后，保存曲线数据。

注意：“弯曲方向”只有 0 或 1。只有坡段数据保存后，才能保存成功曲线数据。

③ 文本方式录入车站数据。进入“线路文件编辑”界面，在“车站数据文本编辑”页面，开始录入表 2-3 所示实验线路的车站数据。

表 2-3　示例线路的车站数据

| 车站名称 | 中心位置/m | 停站时间/s |
|---|---|---|
| a | 400 | 1 |
| b | 1 394 | 1 |
| c | 2 827 | 1 |
| d | 3 750.5 | 1 |
| e | 5 222 | 1 |
| f | 6 462 | 1 |
| g | 8 167 | 1 |
| h | 9 358 | 1 |
| i | 10 490 | 1 |
| j | 11 551 | 1 |
| k | 12 549.5 | 1 |
| l | 13 816.6 | 1 |

续表

| 车站名称 | 中心位置/m | 停站时间/s |
|---|---|---|
| m | 14 587 | 1 |
| n | 15 495 | 1 |
| o | 16 553 | 1 |
| p | 17 780 | 1 |
| q | 18 886 | 1 |
| r | 20 182.5 | 1 |
| s | 21 567 | 1 |
| w | 23 165 | 1 |

注意：车站数据录入完成后，单击“保存车站数据”保存文件。只有坡段数据保存后，才能成功保存车站数据文件。

④ 检查录入的线路数据。坡段数据、曲线数据、车站数据录入并保存以后，在“文本编辑车站数据”页面，单击“检查数据”按钮，对录入的全部线路数据进行有效性检查，如果没有提示错误，说明线路数据录入是可以计算的，否则，要根据错误提示进行检查，如图 2-4 所示。

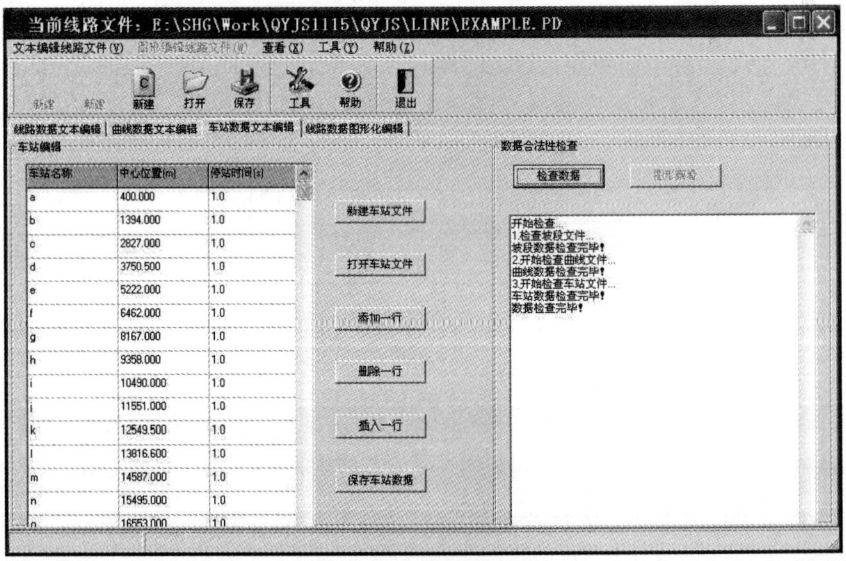


图 2-4　线路数据的检查

⑤ 图形化编辑线路数据。线路数据编辑完成以后，进入“线路数据图形化编辑”页面，单击工具栏“打开”按钮，将刚才录入的线路“Example”打开，观察图形化线路数据的格式。参考系统操作手册或系统帮助，练习图形方式录入和编辑线路数据。

⑥ 线路数据导入导出 Excel 文件。为了避免线路数据的误操作，备份重要线路数

据，或在 Excel 中录入和编辑线路数据，应利用工具将线路文件转换为 Excel 文件格式，操作步骤如下。

进入“线路数据编辑”界面，选择“文本编辑线路数据”菜单，选择“打开线路文件”，打开已经录入的“Example”线路文件，或选择工具栏“打开”按钮，打开线路文件。线路文件打开后，单击工具栏“工具”按钮，选择“线路数据导出导入 Excel 文件”，再选择“线路数据导出 Excel”，如图 2-5 和图 2-6 所示。

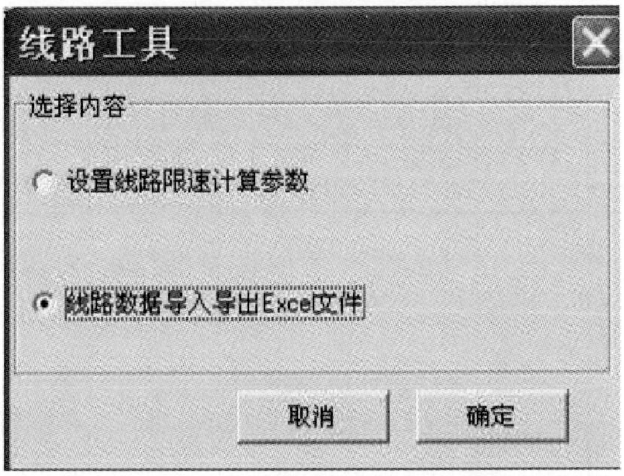


图 2-5　线路数据导出到 Excel 文件界面 1

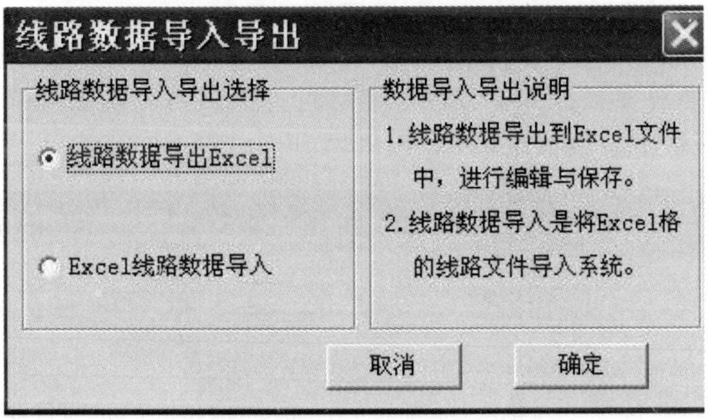


图 2-6　线路数据导出到 Excel 文件界面 2

按“确定”，导出录入的“Example”文件，然后将导出的“Book1”Excel 文件命名为其他文件，即实现了线路文件的导出和另存。

然后，关闭线路数据编辑界面，并重新打开。单击工具栏“工具”按钮，选择“线路数据导出导入 Excel 文件”，再选择“Excel 线路数据导入”，选中包含线路数据的 Excel 文件，将其导入并重新命名。

练习在 Excel 中编辑线路文件，并导入和导出列车牵引计算系统。

注意：在 Excel 中编辑线路文件时，注意不要破坏文件头的格式，以及线路数据各数据项的先后次序，这样才能将 Excel 中编辑好的线路数据导入系统。另外，不要破坏已录好的 Example 线路数据，否则影响下一次实验。

（2）动车数据编辑。

在系统主界面中，选择“线路数据文件”菜单，单击“列车数据编辑”，或单击工具栏的“机辆”按钮进入列车数据编辑系统。

① 动车数据录入。选择“动车数据”页面，在“动车名称”栏中，填入“广州地铁 B 型车”，然后单击“添加动车”按钮，然后参考表 2-4 录入或选择广州地铁 B 型车的动车数据。

表 2-4　示例动车组的动车参数

| 动车车名称 | 动车类型 | 动车自重/t | 电机数量 | 运行阻力系数 *a* | 运行阻力系数 *b* | 运行阻力系数 *c* | 单位起动阻力/(kN/kN) | 构造速度/(km/h) | 转动惯量系数 |
|---|---|---|---|---|---|---|---|---|---|
| 广州地铁B型车 | 广州B型 | 22 | 1 | 2.4 | 0.014 | 0.001 293 | 5.0 | 130 | 0.07 |
| 制动方式 | | 供电方式 | 牵引受电弓网压/V | 惰行受电弓网压/V | 制动受电弓网压/V | 载客数 | 牵引自用电流/A | 惰行自用电流/A | 制动自用电流/A |
| 电阻制动 | | 受电弓 | 1 500 | 1 500 | 1 500 | 1 950 | 10 | 5 | 10 |

数据录入完成后，单击“保存”。

② 动车机械特性参数录入。在动车名称选择“广州地铁 B 型车”的情况下，单击“特性曲线”，弹出特性曲线录入与编辑界面，如图 2-7 所示。

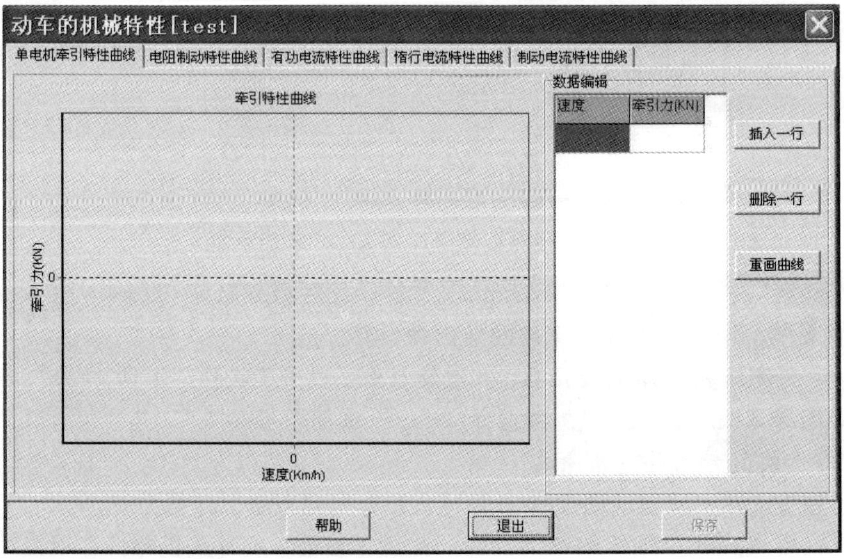


图 2-7　录入和编辑动车特性曲线数据

在“单机牵引特性曲线”页面右侧的数据编辑框中，按照表 2-5 录入牵引特性数据。

表 2-5 特性曲线数据

| 速度 | 牵引力/kN | 制动力/kN | 有功电流/A | 惰行电流/A | 制动电流/A |
|---|---|---|---|---|---|
| 0 | 155 | 145 | 100 | 100 | 100 |
| 10 | 155 | 145 | 100 | 100 | 100 |
| 20 | 155 | 145 | 100 | 100 | 100 |
| 30 | 155 | 145 | 100 | 100 | 100 |
| 40 | 155 | 145 | 100 | 100 | 100 |
| 50 | 145 | 145 | 100 | 100 | 100 |
| 60 | 115 | 145 | 100 | 100 | 100 |
| 70 | 88 | 145 | 100 | 100 | 100 |
| 80 | 71 | 115 | 100 | 100 | 100 |
| 90 | 60 | 86 | 100 | 100 | 100 |
| 100 | 44 | 71 | 100 | 100 | 100 |
| 110 | 35 | 62 | 100 | 100 | 100 |
| 120 | 30 | 45 | 100 | 100 | 100 |
| 130 | 26 | 39 | 100 | 100 | 100 |

牵引特性曲线数据录入完成后，单击“保存”以保存数据。同样，依据表 2-5 的内容，依次录入电阻制动特性曲线数据、有功电流特性曲线数据、惰行电流特性曲线数据和制动电流特性曲线数据，然后保存各类数据。

③ 拖车数据的录入与编辑。进入“拖车数据”页面，在“拖车名称”一栏输入“虚拟拖车 1”，单击“添加拖车”，并录入表 2-6 所示虚拟拖车 1 的数据。

表 2-6 编组数据

| 拖车名称 | 拖车类型 | 拖车自重 | 拖车长度 | 载客数 |
|---|---|---|---|---|
| 虚拟拖车 1 | 虚拟拖车 | 50 | 0 | 0 |
| 虚拟拖车 2 | 虚拟拖车 | −50 | 0 | 0 |

同样方法，录入虚拟拖车 2 的数据。数据录入完成后注意保存。

④ 列车的定义与编组。进入“编组数据”页面，在“列车名称”一栏输入“广州地铁 B 型车编组”，单击“添加列车”，从广州地铁 B 型车参数表中选择阻力参数和其他相关参数填入相应表格。

在“编组”框中，首先在“动车名称”下拉框中选择刚才录入的“广州地铁B型车”，单击其右侧的按钮，编入广州地铁B型动车，然后单击“保存数据”保存列车数据。

同样方法，添加“广州地铁B型车加重编组”列车，其相关参数与“广州地铁B型车编组”相同。编组时，首先单击，选中动车栏中“广州地铁B型车”，然后在“拖车名称”栏中选择“虚拟拖车1”，单击其右侧的按钮，编入虚拟拖车数据，使“加重编组”的列车总重为208.5 t，然后保存数据。同样方法，添加“广州地铁B型车减重编组”列车，编入一辆广州地铁B型车的动车，再编入一辆“虚拟拖车2”的拖车，使该编组的列车总重减少为108.5 t，最后保存数据。

⑤ 其他功能的练习。自己根据系统操作手册练习添加、编辑、删除动车、拖车和列车数据。

注意：切勿删掉已录入的“广州地铁B型车编组”“加重编组”与“减重编组”数据，以免影响下一步实验。

### 3. 牵引计算的快算模式

（1）快速计算。

进入系统主界面，进入“牵引计算向导”菜单，选择“进入向导”，或在工具栏单击“计算”按钮，弹出计算参数设置向导，如图2-8所示。

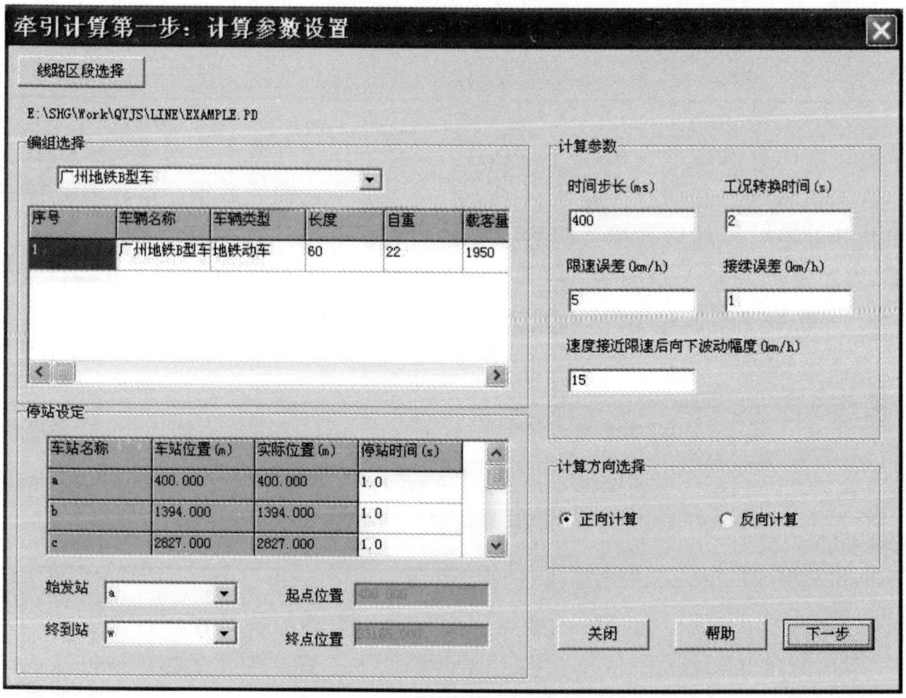


图2-8　牵引计算参数确定界面

单击“线路区段选择”按钮，选择弹出的线路文件“Example”，在编组选择框中选择“广州地铁 B 型车编组”，其他计算参数按照默认设置。单击“下一步”按钮，进入计算系统初始化完成界面，如图 2-9 所示。

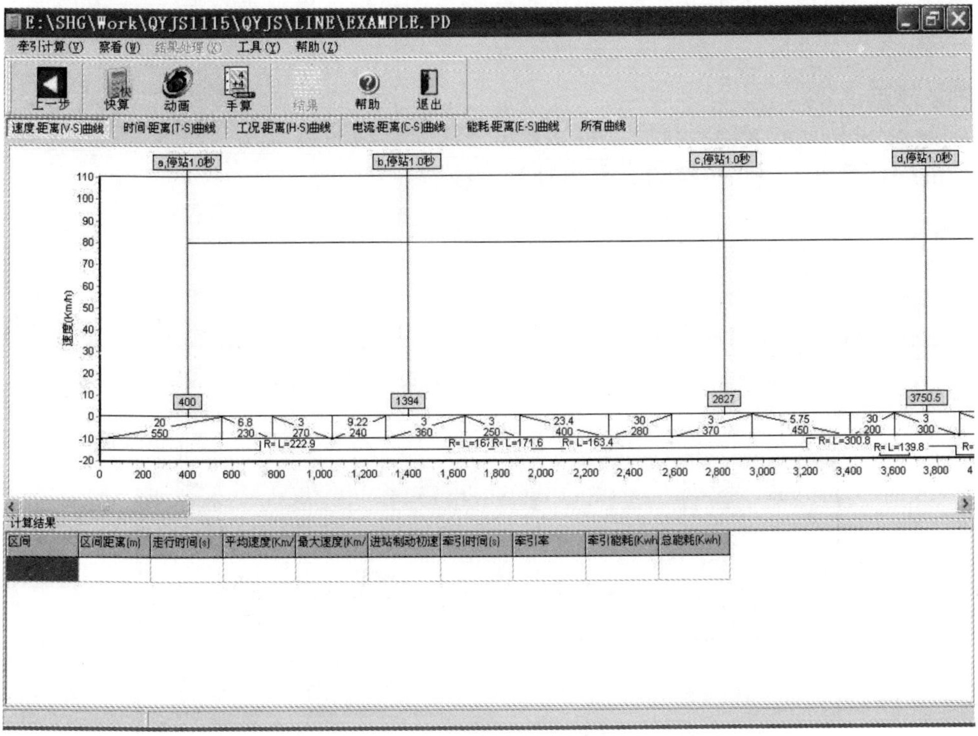


图 2-9　牵引计算初始化完成后的界面

在“牵引计算”菜单中选择“快速计算”或单击工具栏上的“快算”按钮，观察牵引计算的 VS 曲线结果。计算完成后，单击工具栏上的“结果”按钮，观察各区间计算结果。

分别进入“TS 曲线”“HS 曲线”“CS 曲线”“ES 曲线”，观察各种计算结果曲线的差异，以及计算参数与距离轴的关系。进入“所有曲线”结果页面，观察 VS 曲线与 HS 曲线的关系，分析哪些是牵引工况，哪些是惰行工况，哪些是制动工况，同时观察 VS 曲线与限速曲线的关系。

在“所有曲线”页面，进入“察看”菜单，分别选择“VS 曲线”和“HS”曲线，观察计算结果曲线发生的变化。然后，分别选中或不选“限速曲线”“网格线”“TS 曲线”“CS 曲线”等观察结果曲线的变化。

（2）估计工况转换点位置。

在 ab 区间中，选择牵引-惰行工况转换点（VS 曲线由红变绿的位置），进行放大，从而估计该点坐标位置，包括速度和距离。操作方法：

① 将鼠标置于牵引-惰行工况转换点左上方，按下鼠标左键。

② 拖动鼠标向该点的右下方，使工况转换点位于鼠标轨迹线框的中央，松开

左键。

③ 观察放大后工况转换点的位置（可以在“察看”菜单中，勾选“显示网格线”，以便估计），如果无法估计准确，可以重复①~②步骤，进一步放大。

④ 估计完成后，选择绘图工作区一点，按下鼠标左键，向左下角拖动，然后松开左键，则放大恢复。

⑤ 记录估计的坐标点位置，包括速度与距离，精确到0.1。

最后，单击“退出”按钮，退出计算系统。

### 4．牵引计算的结果处理

（1）调整显示方式。

选择Example线路和广州地铁B型车编组，进入计算初始化界面。进入“工具”菜单，选择“设置曲线屏幕显示格式”，弹出屏幕格式显示方式设置窗口，如图2-10所示。

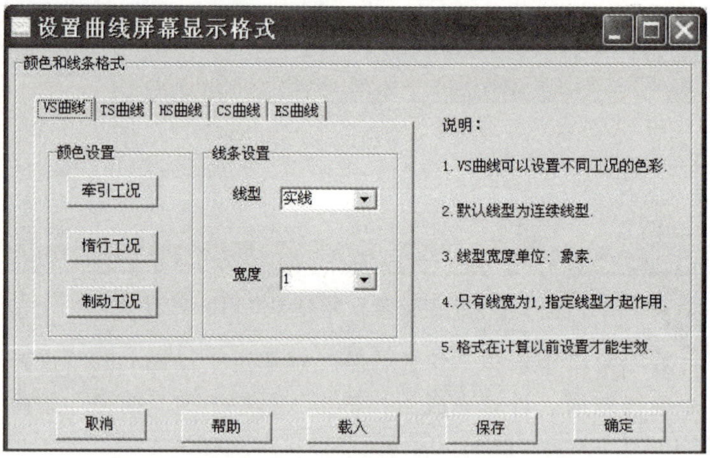


图2-10　屏幕显示的绘图格式调整界面

在VS曲线页面，单击“牵引工况”，选择一个颜色，单击“惰行工况”选择另一颜色，“制动工况”选择另一颜色；在“线型”选择框选择“实线”，“宽度”框选择线宽为“2”。单击“确定”按钮，单击“快算”按钮开始计算，观察计算结果曲线的色彩和线型有什么变化。

退出计算界面，重新进入。自己练习改变其他曲线的线型与颜色，观察计算结果曲线的变化情况。

（2）保存计算结果数据。

重新进入计算初始化界面，单击“快算”完成计算。单击工具栏“结果”按钮显示结果数据。进入“结果处理”菜单，选择“保存结果数据”，命名为“example”；再选择“保存过程数据”，命名为“example”，选择“保存为AutoCad脚本文件”，保存脚本文件为“example”。选择“保存为位图文件”，弹出如图2-11所示对话框。单击

"确定"，保存为"example"。

找到保存的 example.res、example.prc、example.scr 和 example.bmp 文件位置，用记事本打开前三个文件，用图像浏览器打开 example.bmp，观察保存的结果曲线。

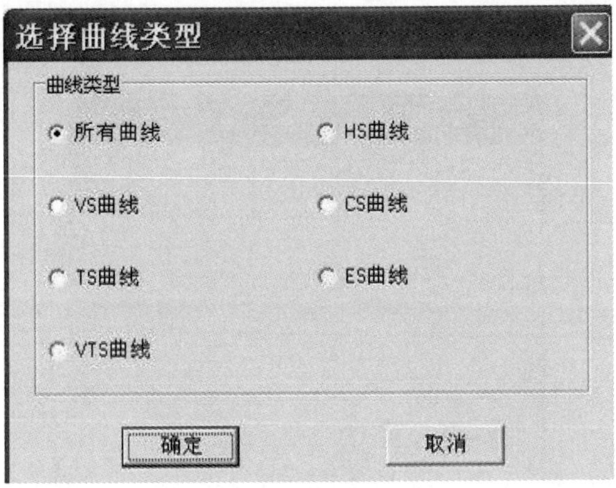


图 2-11　牵引计算曲线图像保存选择界面

（3）将结果数据导入 AutoCad 系统。

打开 AutoCad 系统，进入"工具"菜单，选择"运行脚本"，选择"example.scr"脚本文件，观察 AutoCad 的脚本文件执行过程，以及生成的 AutoCad 图形，导入过程结束后，将其保存为 Example.dwg 文件。

### 5．牵引计算的计算区间选择及参数选择

（1）计算区间与线路方向。

进入计算参数选择界面，在计算区段选择 Example 后，在"停站设定"功能框中，从"始发站"和"终到站"选择框中分别设定"a"站为始发站，"b"站为终到站，其他计算参数默认。单击"下一步"，观察计算初始化界面。单击工具栏"快算"按钮，查看计算结果曲线。重复上述步骤，并更改始发站和终到站，观察计算结果。然后单击"退出"按钮退出牵引计算界面。

重新进入参数选择界面，仅改变计算方向为"反向计算"，进入初始化界面，观察改变计算方向后，线路初始化后有何变化。单击"快算"按钮，观察计算方向改变对于计算结果的影响。

（2）限速误差、速度波动等参数对实验的影响。

保持计算区间和计算方向不变，逐一改变"限速误差""工况转换时间"和"速度接近限速时波动幅度"等参数，观察计算结果曲线的差异。

### 6．其他计算模式实验

（1）动画模拟。

选择 Example 线路中的"a-g"区段，计算参数依据默认设置，进入系统计算初始

化界面。单击工具栏中的“动画”按钮，观察牵引计算曲线的动态绘制过程。绘制过程中，分别进入 TS 曲线、HS 曲线、CS 曲线、ES 曲线和所有曲线的页面，观察曲线绘制过程。

进入 VS 曲线页面，选择“工具”菜单，单击“设置动画速度”，弹出如图 2-12 所示窗口。

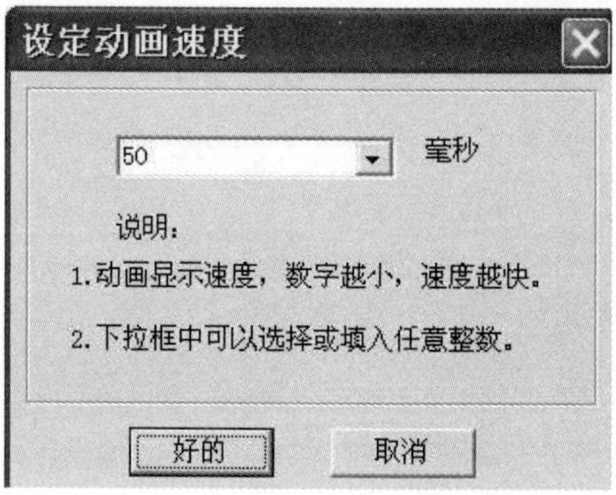


图 2-12 设定动画速度界面

选择动画速度为 5 ms，单击“好的”，观察动画速度变化。自己练习改变计算区间与动画速度，观察结果曲线生成过程。

（2）手动计算。

选择 Example 线路中的“a-b”区段，计算参数依据默认设置，进入系统计算初始化界面。单击工具栏中的“手算”按钮，弹出如图 2-13 所示工况选择对话框。

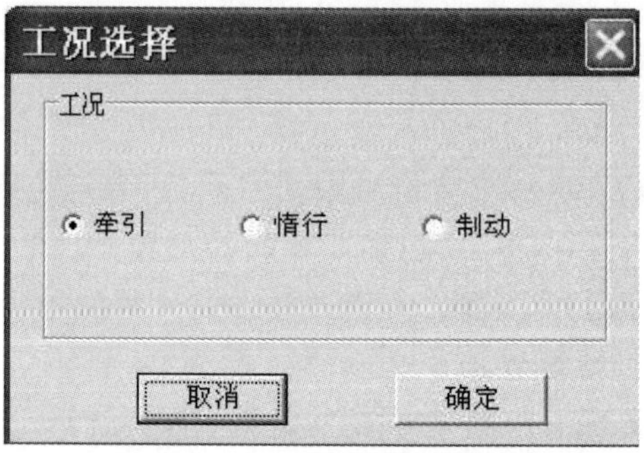


图 2-13 工况选择界面

选中“牵引”工况，点击“确定”，观察手动计算过程；计算一段后，单击绘图区，重新弹出工况选择窗口，选择“惰行”，观察计算结果情况；计算一段后，选择制动工况，观察制动工况下计算情况。

## 六、实验报告要求

（1）认真完成实验报告，报告要用实验报告纸，书写工整，按时上交。

（2）对思考题应能依据实验过程做出相应的回答。

## 七、实验注意事项

（1）未经允许不能携带磁盘进入实验室。

（2）严格按照实验步骤操作计算机，不准进入计算机其他系统。

（3）不准修改、删除计算机内所有文件。

（4）爱护实验室设备。

## 八、思考题

（1）为什么要进行列车牵引计算？

（2）列车牵引计算的原理是什么？

（3）当前进行列车牵引计算的方法及步骤是什么？

（4）运用列车牵引计算软件相比手工计算有何优点？

（5）牵引工况、惰行工况和制动工况下列车受力如何？不同工况对于列车运行的VS曲线有何影响？

（6）列车牵引计算应该解决什么问题？

（7）牵引计算中的工况转换时间、速度波动幅度是否可以任意调整？试分析这一问题。

# 实验三 铁路机车、动车组实验

## 一、实验目的

（1）了解机车的作用和分类。

（2）了解内燃机车柴油机的工作原理。

（3）了解电力机车电气设备中主电路的组成。

（4）了解动车组的基本组成。

## 二、实验原理

机车是铁路运输的基本动力。客货列车的牵引和车站上的调车工作，都要由机车来完成。机车按能源供给方式分为：蒸汽机车、内燃机车、电力机车。

内燃机车是以柴油机为原动力的一种机车。由于柴油机工作性能不能满足机车牵引特性，使燃料转变成机械能，故增加传运装置。一种为电传动，即柴油机带动牵引发电机发电，转变为电能。牵引电动机再把电能转变成机械能带动机车主动齿轮，最后带动机车从动齿轮，经从动齿轮驱动轮对运转。液压传动内燃机车的工作原理是利用工作油作介质，通过传运机构将柴油机曲轴输出的功率传递到机车动轮上，使机车运行。它的主要部件是液力变扭器，它在传递功率时最大的特点是“变扭”，即机车起动和低速运行时，涡轮给机车动轴以大的扭矩，当机车高速运行时，涡轮给机车动轴以小的扭矩，从而实现机车理想牵引特性的要求。电力机车靠接触网供电，通过机车上的牵引电动机把电能转换成机械能。

动车组又指“单元化复合列车”，把动力装置分散安装在每节车厢上，使其既具有牵引力，又可以载客，这样的客车车辆便叫作动车。动车组是由动车和拖车或全部由动力车长期固定地连挂在一起组成的车组。

## 三、实验仪器、设备

蒸汽机车模型，内燃机车模型，电力机车模型，机车转向架。

## 四、实验内容

1．蒸汽机车的组成

蒸汽机车主要由锅炉、汽机、走行部分、车架、煤水车、车钩缓冲装置及制动装置等部分组成，如图 3-1 所示。

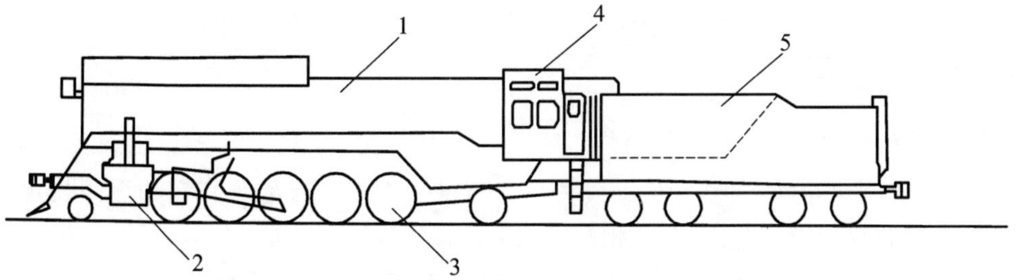


1—锅炉；2—机械部；3—走行部；4—司机室；5—煤水库。

图 3-1　蒸汽机车的组成

2．柴油机工作原理

柴油机是利用使油燃烧后所产生的热能转变为机械能的一种动力机械。柴油机根据完成一个工作循环的冲程数，可分为四冲程柴油机和二冲程柴油机两种。单气缸剖面如图 3-2 所示。

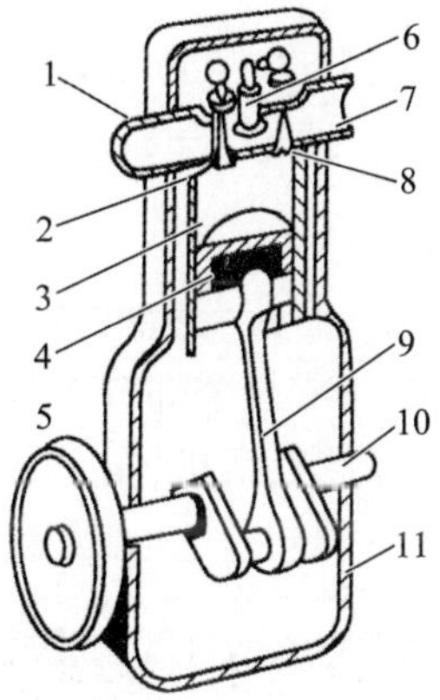


1—进气管；2—进气门；3—气缸套；4—活塞；5—飞轮；6—喷油器；
7—排气管；8—排气门；9—连杆；10—曲轴；11—机体。

图 3-2　单气缸剖面示意图

进气冲程：活塞自上止点滑行到下止点，在配气机构的作用下打开了进气阀，新鲜空气便进入进气阀并充满气缸。

压缩冲程：活塞由下止点回行至上止点，此时两个进气阀都是关闭的，进入气缸的空气，由于活塞回行而受压，压缩终了时，气缸内空气的压力和温度都达到了很高的程度。

燃烧膨胀冲程：当活塞行至上止点时，由喷油器喷入气缸内的雾化燃料与高温高压的空气相遇后立即燃烧而放出热能，而高温高压的燃气推动括塞向下移动，使热能变为机械能，经过连杆的传递，使曲轴旋转对外做功，所以这个冲程又叫做功冲程。

排气冲程：在膨胀冲程末期，即活塞到达下止点前，排气阀在配气机构作用下开启，将已经做过功的废气排入大气，此时缸内压力亦迅速下降。在活塞由下止点回行到达上止点后，排气阀关闭，同时进气阀又再次打开，新鲜空气进入气缸，于是，又开始了一个新的工作循环。

3．电传动内燃机车基本组成

内燃机车主要由柴油机、传动装置、走行部、车体、车底架、车钩缓冲装置、制动装置和辅助装置等部分组成，如图 3-3 所示。

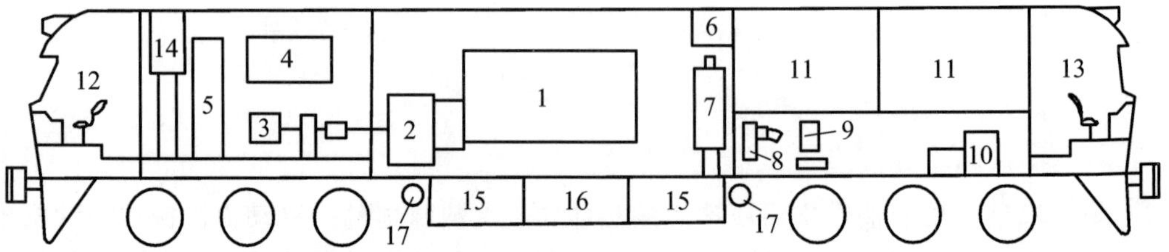


1—柴油机；2—牵引发电机；3—启动电机；4—整流柜；5—电器柜；6—膨胀水箱；7—预热锅炉；8—液压泵；9—鼓风机；10—空气压缩机；11—冷却器；12—第一司机室；13—第二司机室；14—制动电阻；15—蓄电池箱；16—燃油箱；17—总风缸。

图 3-3　内燃机车组成示意图

（1）柴油机。

柴油机要完成将柴油燃烧后的热能转变为机械功的任务，必须使其各个部件能互相配合、协调动作。柴油机主要由以下几个部分组成。

① 固定部件。柴油机的固定部件包括机体、机座、主轴承、气缸头和气缸套等，如图 3-4 所示。

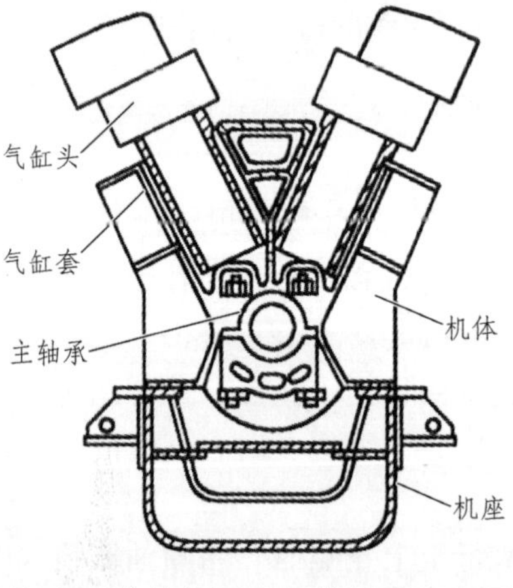


图 3-4　柴油机固定部件组成示意图

② 运动部件。柴油机的运行部件包括活塞组、连杆和曲轴等，它们的任务是将柴油燃烧后生的热能转变成机械能，并把活塞的直线运动变为曲轴的旋转运动，如图 3-5 所示。

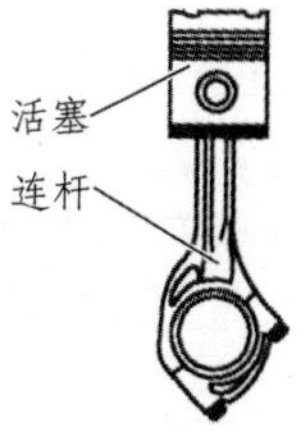


（a）活塞与连杆

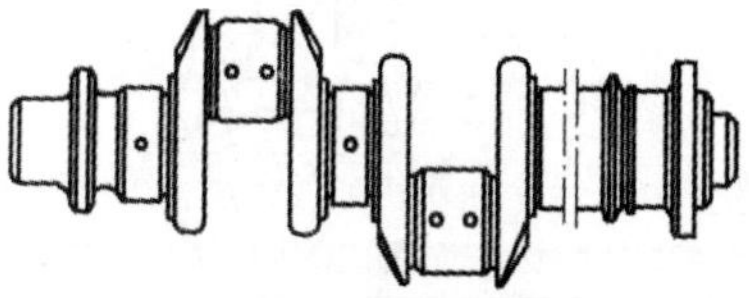

（b）曲轴

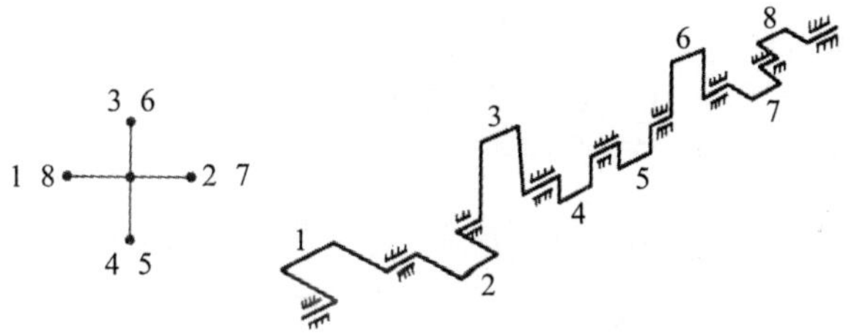


（c）曲轴上 8 个曲柄的相互位置

图 3-5　柴油机运动部件示意图

③ 配气机构。配气机构是柴油机换气过程的控制机构。它的任务是根据柴油机气缸的工作次序，正确、及时地开启和关闭气缸的进气阎和排气阀，保证在规定的时间内使气缸充进新鲜空气和排出燃烧后的废气。

配气机构主要由气阀、气阀弹簧、摇臂、推杆和凸轮轴等部件所组成，在每一个气缸里都装有两个进气阀和两个排气阀（每个气阀上都装有气阀弹簧）。

④ 进排气系统。进排气系统的作用是向柴油机气缸内供给足够的新鲜空气，使喷入燃烧室的柴油能充分燃烧，并将燃烧后的废气排出气缸。进排气系统由空气滤清器，废气蜗轮增压器，中间冷却器，进气管和排气管等部件组成，如图 3-6 所示。

⑤ 燃油系统。燃油系统的任务是按柴油机的转速的负荷，及时定量地向柴油机供给充足而又清洁的柴油，并使柴油在燃烧室内雾化，能够充分地燃烧，保证柴油机的正常工作。

⑥ 润滑系统和冷却系统。柴油机润滑系统的任务是不断地把清洁和温度适宜的润滑油输送到柴油机各运动零件的摩擦表面进行润滑，以减少摩擦阻力，从而减少机件的磨损和功率消耗，并冷却摩擦表面和冲走磨屑及其他杂质，保证柴油机零件能正常地工作。

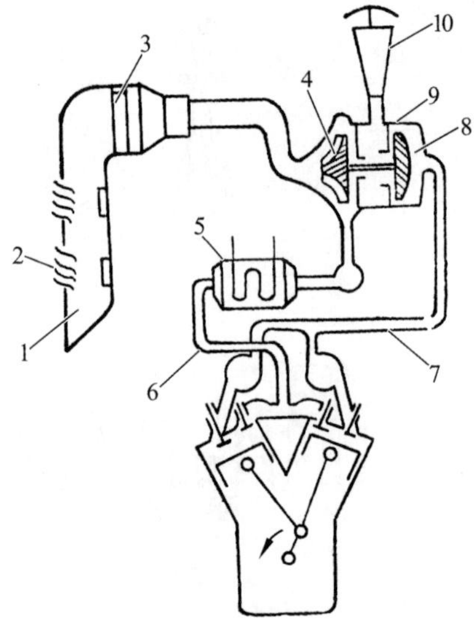


1—空气滤清器；2—百叶窗；3—滤清元件；4—压气机；5—中间冷却器；
6—进气管；7—排气管；8—废气涡轮；
9—废气涡轮增压器；10—烟筒。

图 3-6　柴油机进排气系统

（2）传动装置。

在机车起动低速运行时，柴油机因低速发出功率甚小，于是机车的牵引力也很小，这样就不适合直接用于铁路牵引工作的要求，因此在它们之间需要有一套传动装置，使其牵引特性接近或符合于机车理想的牵引特性，以便满足机车牵引列车的要求。

交—直流电传动内燃机车的传动装置采用的是交流发电机和直流电动机，其传动原理如下：柴油机→牵引发电机 F（机械能转变为电能，三相交流电）→整流装置 ZL（交流电变为直流电）→牵引电动机（1D—6D）。

（3）走行部。

机车的走行部的主要作用是承受机车上部重量，传递牵引力和制动力，缓和来自线路的冲击。

东风 4 型内燃机车的走行部，采用的是两台三轴转向架，每一台转向架都由构架、旁承、轮对、轴箱、弹簧减振装置、电机悬挂装置、牵引装置、基础制动装置及撒砂装置等部分组成。

① 构架。构架是转向架的骨架，用以联系转向架各组成部分和传递各方向的力。它由左右两侧梁、前后端梁和前后横梁所组成，如图 3-7 所示。

② 轮对和轴箱。转向架上有三个轮对。轮对由车轴、轮心、轮箍、从动齿轮等组成，如图 3-8 所示。

③ 减振装置。减振装置的作用主要为了缓和轮轨间的冲击，降低动载荷，减少振动，使机车运行平稳和安全。减振装置包括弹簧、液压减振器和橡胶垫等。

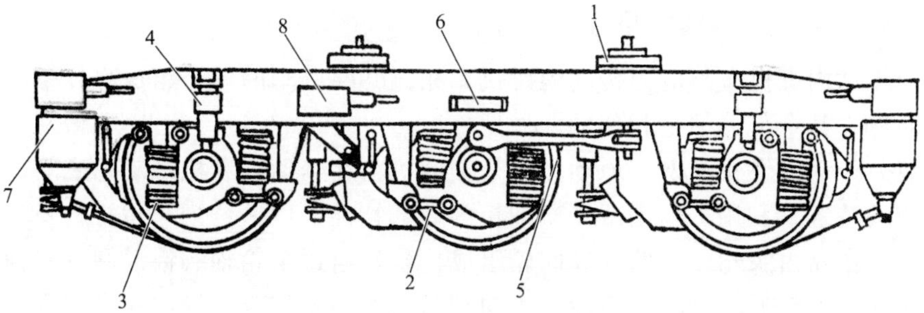


1—旁承橡胶垫；2—轴箱连杆；3—圆弹簧；4—油压减振器；
5—牵引杆装置；6—侧挡；7—砂箱；8—制动缸。

图 3-7　内燃机车构架

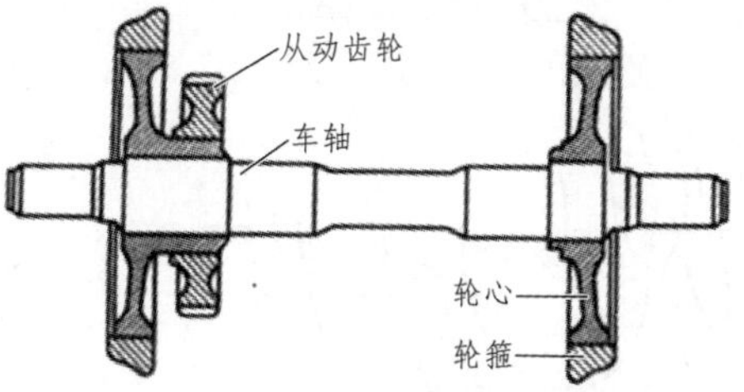


图 3-8　内燃机车轮对和轴箱

④ 电机悬挂装置。每一转向架上安有三台牵引电动机，它们都采用电车式悬挂安装在转向架上。

⑤ 牵引装置。牵引装置由两根牵引杆，两个牵引拐臂和一根连接杆等组成。

⑥ 基础制动装置。从转向架上的制动缸到闸瓦之间的一套装置称为基础制动装置，这种转向架的基础制动装置为独立作用式单边闸瓦制动，就是每个车轮都由一个制动缸带动一块闸瓦来制动。

⑦ 撒砂装置。每个转向架的四角都装有一套撒砂装置，如图 3-9 所示。当司机按动操纵台上的撒砂开关时，砂就撒在车轮运行方向前的轨面上，以提高轮轨之间的摩擦系数，防止车轮空转。

图 3-9　机车撒砂装置

4．液力传动内燃机车原理

液力传动内燃机车与电力传动内燃机车相比，在机车的各个组成部分中，除传动装置不同外，其余部分都是相似的。

在液力传动内燃机车上，原动力仍是柴油机，在柴油机和机车动轮之间，装有一套液力传动装置，利用工作油改变柴油机的外部特性，以适合列车运行的要求。

液力变扭器由泵轮、涡轮和导向轮组成，泵轮通过泵轮轴、齿轮和方向轴与柴油机主轴相连；涡轮通过轮轴、齿轮和方向轴与机车动轮相连；导向轮是固定在变扭器的壳体上不能转动，如图 3-10 所示。

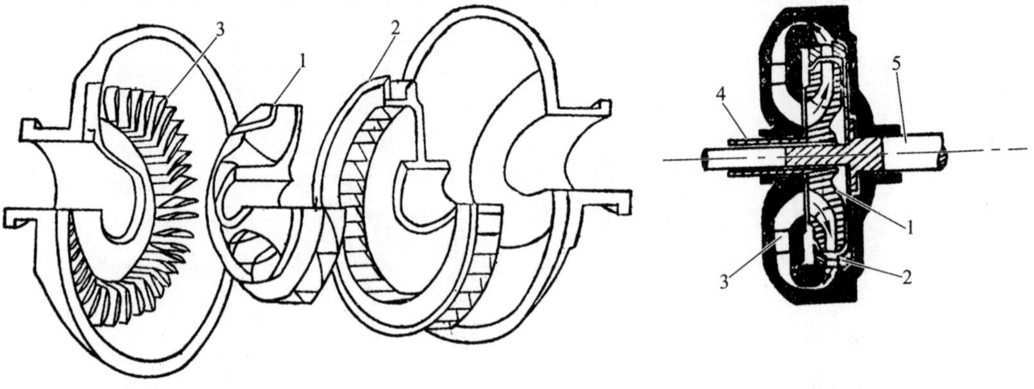


（a）　　（b）

1—泵轮；2—涡轮；3—导向轮；4—泵轮轴；5—涡轮器。

图 3-10　液力变扭器

柴油机启动，泵轮高速转动，这时向变扭器充工作油，工作油被高速旋转的泵轮叶片带动旋转。由于离心力的作用，工作油从泵轮叶片处流出时具有很高流速和压力。高压油冲击涡轮叶片，涡轮跟着转动，最后传动到机车，使机车运行。

从涡轮出来的工作油接着进入导向轮。工作油在导向轮叶片引导下，重新返回泵轮。工作油从泵轮→涡轮→导向轮→泵轮，往复循环。

机车需要制动时，司机只要操纵把变扭器工作油排出，使它流回油箱即可。

5．电力机车电气设备的基本组成

电力机车是靠其顶部升起的受电弓从接触网上取得电能，将电能转换成机械能牵引列车运行的。电力机车主要由车体、车底架、走行部、车钩缓冲装置、制动装置和一整套电气设备等组成。除电气设备外，其余部分都同交—直流电力传动内燃机车相似。

电力机车上设有主电路、辅助电路和控制电路三条电气回路，机车上所有的电气设备都在这三条电气回路中。

（1）主电路。

主电路将产生机车牵引力和制动力的各种电气设备连成一个电系统，实现机车的功率传输。主电路中包括的电气设备主要有受电弓、主断路器、主变压器（即牵引变压器）、整流调压线路、电抗器柜、牵引电动机和制动电阻等。

① 受电弓：机车顶部装有两套单臂受电弓，受电弓紧压接触网导线滑行摩擦从电网上取得电流。机车运行时机车只需升起一套受电弓，另一受电弓作为备用。接触网上送来的 25 kV 工频单相交流电就由此引入机车，如图 3-11 所示。

图 3-11　受电弓

② 主断路器：主断路器是用来接通或断开电力机车高压电路的。当主电路发生短路、接地或整流调压电路、牵引电动机等设备发生故障时，它能自动切断机车电源，实现对机车上设备的保护，如图 3-12 所示。

图 3-12　主断路器

③ 变压器：又称牵引变压器，它把从接触网上取得的 25 kV 高压电降低为牵引电动机所适用的电压。

④ 调压开关：用来调节牵引变压器中副边牵引绕组的输出电压，从而使牵引电动机的端电压得以改变，以达到机车的调速目的。

⑤ 电抗器：由于牵引电动机本身的电感极小，不足以将整流后的电流滤平到所需要的范围内。

（2）辅助电路。

辅助电路电源来自主变压器的辅助绕组，通过劈相机将单相交流电转变成三相交流电后，供给牵引通风机；油泵机组和空气压缩机等辅助电机使用。

（3）控制电路。

控制电路将主电路和辅助电路中各电气设备的控制电器（包括各种控制开关、接触器、电空阀等）同电源、照明、信号等的控制装置连成一个电系统。

6．动车组的基本组成

1）动车组的特点

带动力的车辆叫动车（M），不带动力的车辆叫拖车组（T），动车组技术是一种动力分散技术。

动车组优越性如下：

① 固定编组：节约时间、效率高。

② 轻量化设计：速度快、运输效率高。

③ 采用永久式车钩，降噪减振，舒适性好。

④ 制动灵活、制动距离短，提高行车密度。

动车组的分类如下：

① 动车组按牵引动力装置主要分为内燃动车组和电力动车组。

② 动车组按动力配置方式可分为动力分散型动车组和动力集中型动车组。

③ 动车组按车辆转向架布置和车辆之间的连接方式可分为独立（转向架）式动车组和铰接（转向架）式动车组。

2）动车组构成实验

动车组的构成如图 3-13 所示。

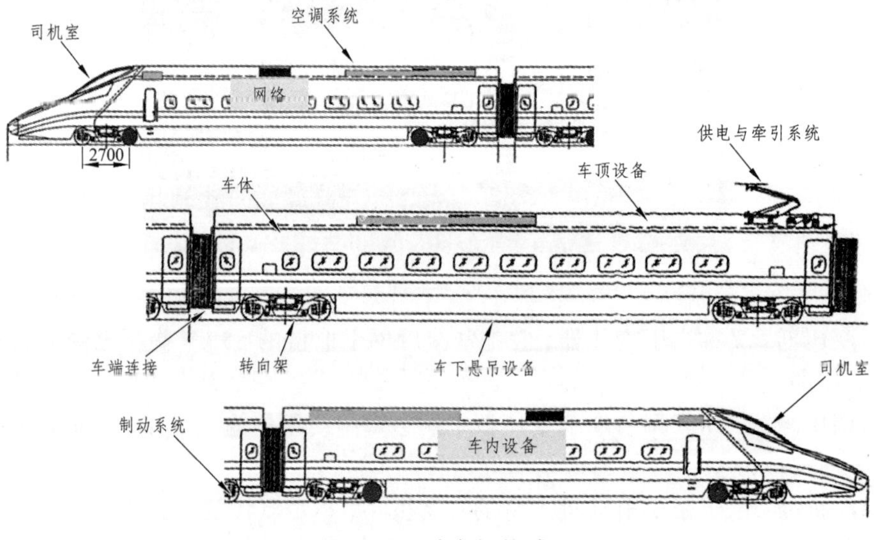


图 3-13 动车组构成

3）动车组基本构造实验

动车组的基本组成包括机械部分和电气部分两大部分。机械部分有车体与车辆内部设备、转向架、车辆连接装置、制动装置等；电气部分有受流系统、牵引传动系统、列车网络控制等部分，如图 3-14 所示。

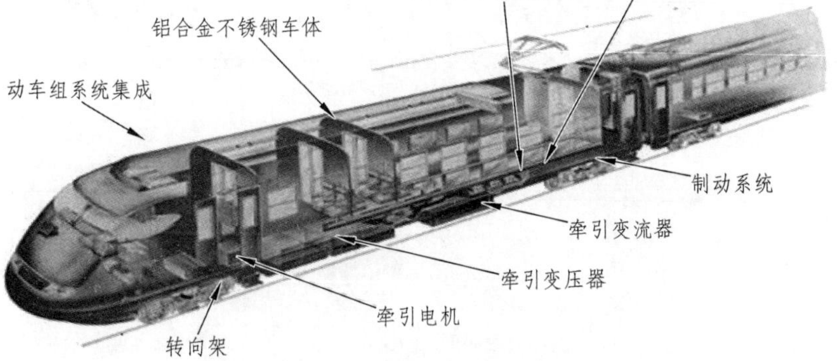


图 3-14　动车组基本构造

（1）动车组车体、车内设备。

车体车架是机车的骨架，它既是各种设备，如柴油机、变压器等的安装基础，又要传递各个方向的力，具体作用为：

① 容纳之所：旅客乘坐、乘务员操纵、检修人员维修的场所。

② 安装之基：主要用来安装各种机械、电气设备。

③ 遮风挡雨：除牵引电机外，几乎所有的大型电气设备都安装在车体内，避免了风沙雨雪的侵袭。

④ 承载传力：在运行中，车体除了将转向架产生的牵引力和制动力传递到车钩，对列车进行牵引和制动外，还要承受垂直载荷、水平方向的冲击载荷和侧向力的作用。

（2）动车组转向架。

转向架是机车车辆最重要的组成部件之一，其结构是否合理直接影响机车车辆的运行品质、动力性能和行车安全。其具体作用为：

① 承载：承受车架以上各部分的重量（包括车体、车架、动力装置和辅助装置等），并使轴重均匀分配。

② 牵引（动力转向架）：保证必要的轮轨黏着，并把轮轨接触处产生的轮周牵引力传递给车架、车钩，牵引列车前进。

③ 缓冲：缓和线路不平顺对车辆的冲击，保证车辆具有良好的运行平稳性和稳定性。

④ 导向：保证车辆顺利通过曲线。

⑤ 制动：产生必要的制动力，以使车辆在规定的距离内减速或停车。

动车组转向架分为动力转向架（动车转向架）和非动力转向架（拖车转向架），动车转向架带有牵引电机（见图 3-15），拖车转向架不带牵引电机（见图 3-16），其余部分基本一致。

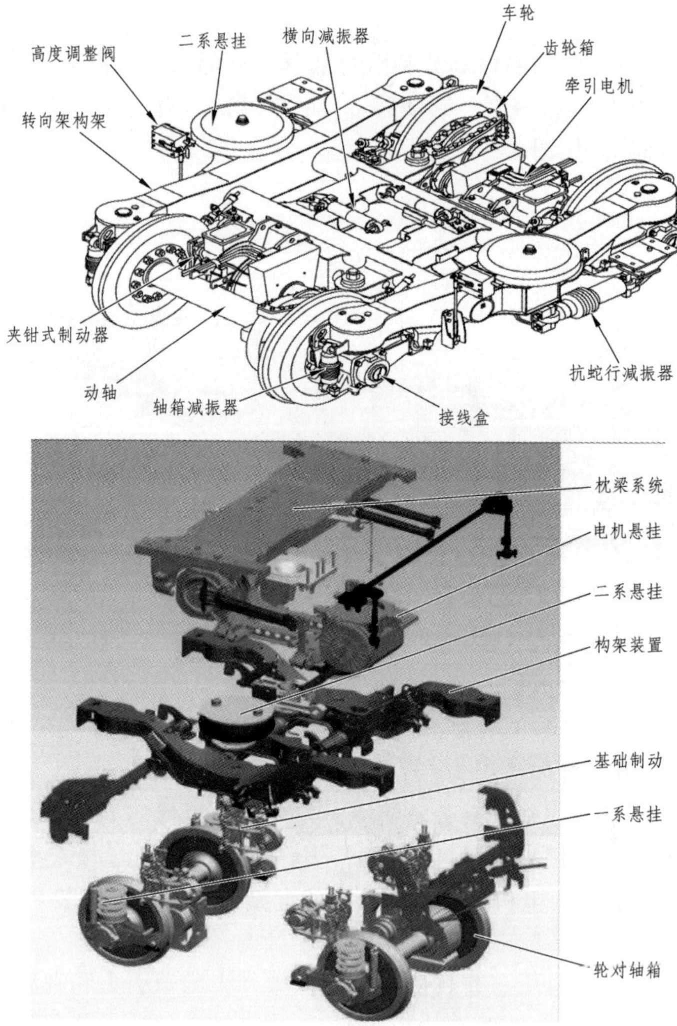

高度调整阀
二系悬挂
横向减振器
车轮
齿轮箱
牵引电机
转向架构架
夹钳式制动器
动轴
轴箱减振器
接线盒
抗蛇行减振器
枕梁系统
电机悬挂
二系悬挂
构架装置
基础制动
一系悬挂
轮对轴箱


图 3-15　动车转向架

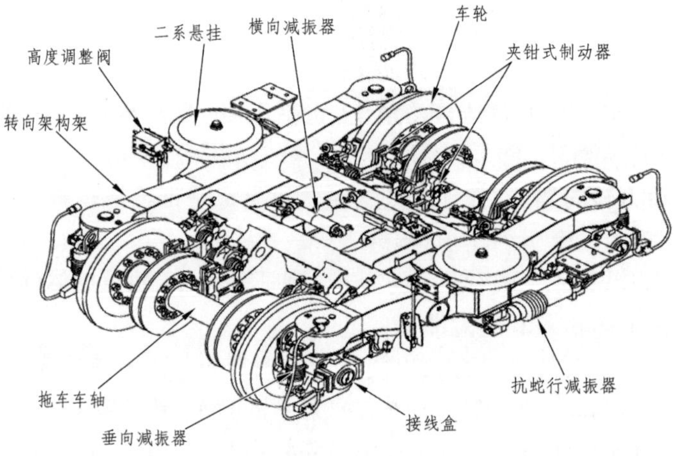

高度调整阀
二系悬挂
横向减振器
车轮
夹钳式制动器
转向架构架
拖车车轴
垂向减振器
接线盒
抗蛇行减振器

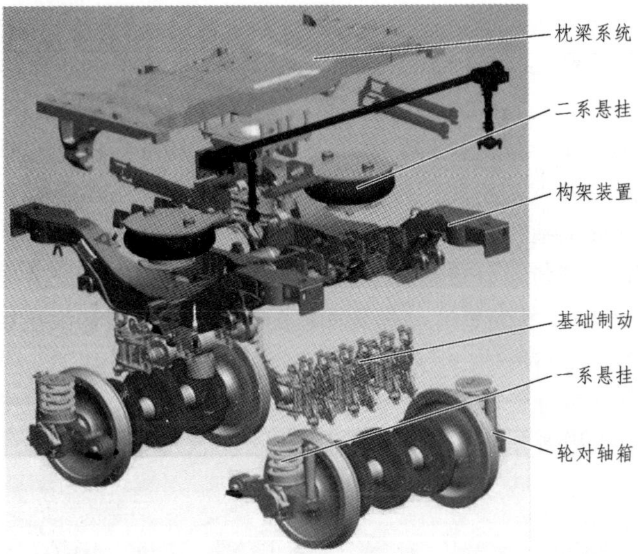


图 3-16　拖车转向架

（3）车钩

在 CRH 每节（EC01/EC16）头车的前舱均有一个自动车钩，如图 3-17 所示。

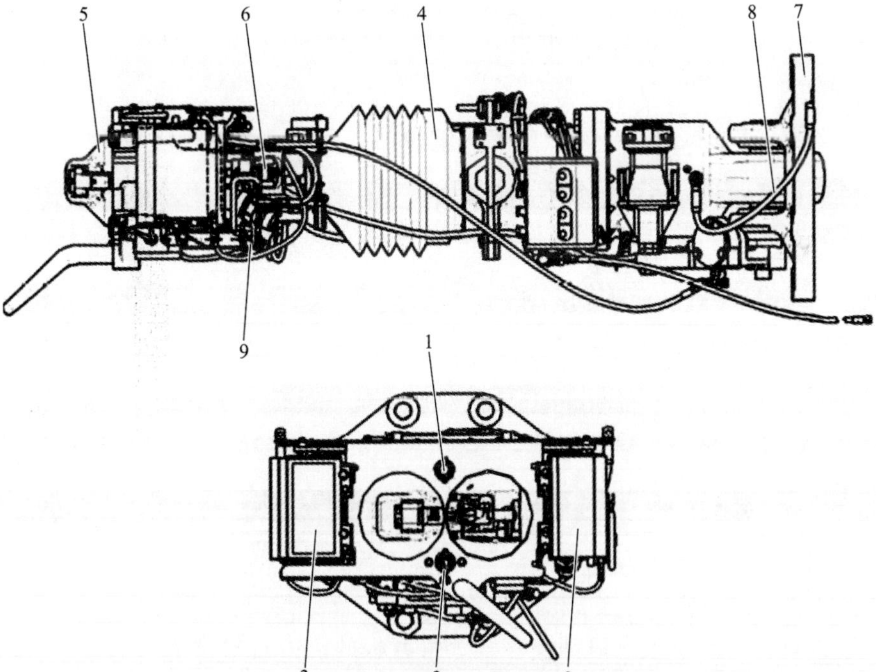


1—气管连接（BP）；2—气管连接（MRG）；3—电动头；4—钩身；5—钩头；
6—电动头控制机构；7—轴承座；8—接地线；9—带柄解编绳。

图 3-17　自动车钩组成

待挂状态：车钩连接前的准备状态，此时钩舌定位杆被固定在待挂位置，拉簧处于较大拉伸状态，钩锁连接杆退缩至凸锥体内，钩舌上的钩嘴对着钩头正前方，如图 3-18（a）所示。

锁闭状态：相邻两个车钩的凸锥体伸入对方的凹锥孔，凸锥将带心轴导杆向后压向棘爪，由卡子释放棘爪。如此，通过拉簧将钩锁按逆时针方向转动到联挂位置，直至钩舌与钩锁（钩板）啮合。当车辆联挂后，锁紧装置会形成一个平行四边形形状，这样可以将牵引荷载均匀地分布在两个钩锁和钩舌拉杆上，如图 3-18（b）所示。

解钩状态：解钩时，顺时针转动弹簧加载的钩锁，直至将钩舌从钩锁上释放。当棘爪与带心轴导杆啮合在一起时，保持钩锁的锁定位置。列车分离时，弹簧加载的带心轴导杆和导杆卡子同时向前移动并释放棘爪。车钩锁在拉簧的作用下按逆时针方向转动，直至棘爪与导杆卡子相啮合。车钩锁回至待挂位，再次准备联挂，如图 3-18（c）所示。

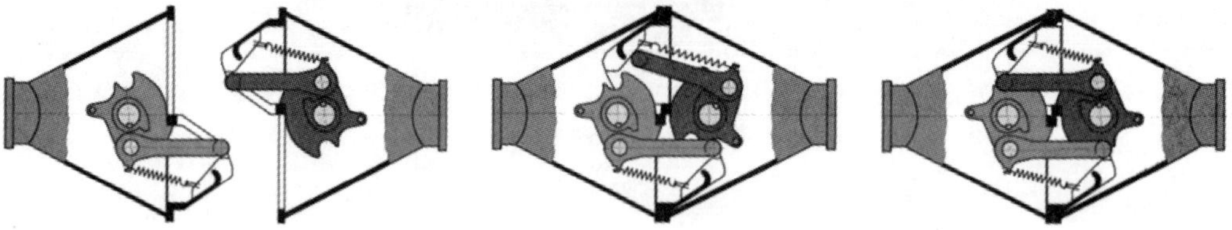

（a）待挂状态　　（b）锁闭状态　　（c）解钩状态

图 3-18　自动车钩的状态

（4）车门。

动车车门包括塞拉门、外端拉门和内端拉门，如图 3-19 所示。

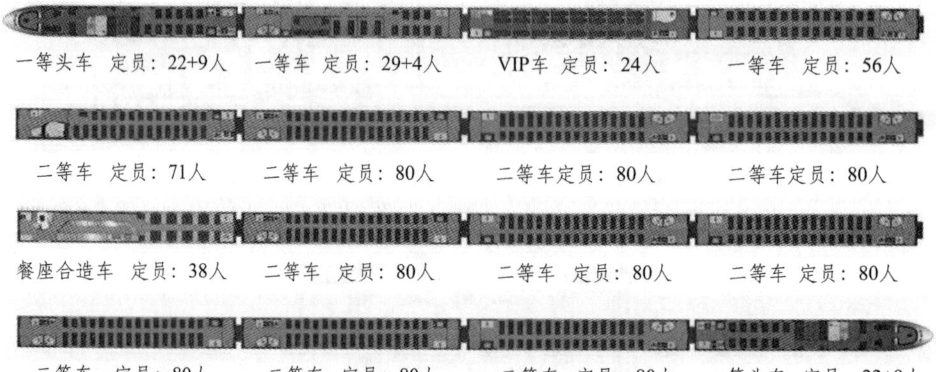


图 3-19　动车车门

塞拉门：每辆车的每个入口都设有一个带渡板的压力密封型单扇电动塞拉门系统，其中，头车在车体 1/3 处左右两侧各设一个塞拉门，中间车在车体的两侧每端各设一个塞拉门。门完全关闭时，门板与车辆的外表面齐平。每个塞拉门都配备一个采用微处理器为控制核心的门控器，每辆车设置一个门控单元为主门控器。塞拉门内外元件结构如图 3-20 和表 3-1 所示。

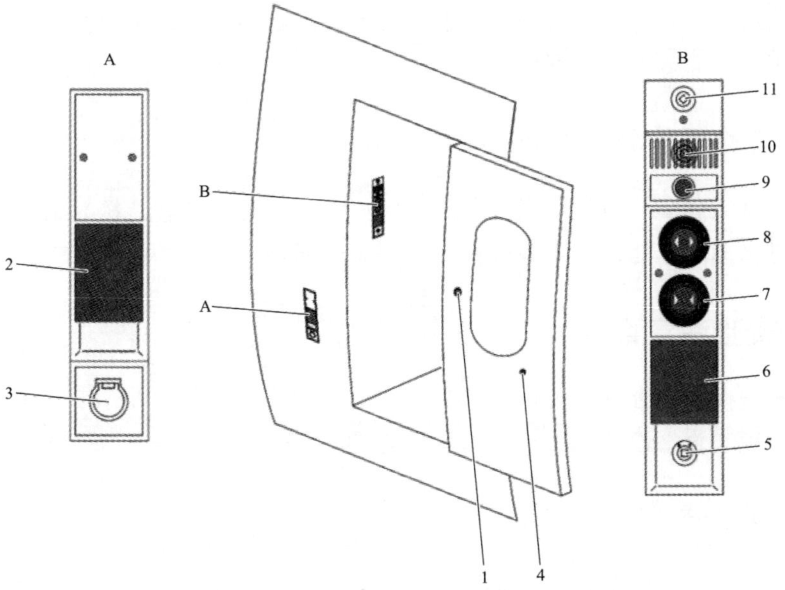


A—外门控制元件；B—内门控制元件。

图 3-20　塞拉门内外元件结构

表 3-1　塞拉门内外元件结构介绍（对应图 3-20）

| 位　置 | 名　称 |
|---|---|
| 1 | 外部乘客按钮“本地开启外门”  |
| 2 | 紧急解锁手柄 |
| 3 | 驾驶员钥匙操作式开关（仅用于 EC01/EC16）  |
| 4 | 方钥匙操作型门锁 |
| 5 | 方钥匙操作型开关“遥控关门” |
| 6 | 紧急解锁手柄 |
| 7 | 乘客按钮“本地关闭外门”  |
| 8 | 内部乘客按钮“本地开启外门”  |

## 五、实验步骤

（1）通过老师对每种模型的讲解，了解各种设备的组成及作用。

（2）利用理论知识，结合各种模型了解各种设备的具体结构。
（3）学生对能够操作的部分进行演练。

## 六、实验报告要求

（1）认真完成实验报告，报告要用实验报告纸，书写工整，按时上交。
（2）对思考题应能依据实验过程做出相应的回答。

## 七、实验注意事项

（1）不能携带进食物实验室。
（2）爱护实验室设备。

## 八、思考题

（1）简述内燃机车的主要组成及作用。
（2）简述电力机车的主要组成及作用。
（3）简述机车转向架的组成及作用。
（4）简述电力机车电气设备中主电路的组成。
（5）简述动车组转向架的组成。
（6）简述自动车钩的原理。

# 实验四　铁路线路及车站实验

## 一、实验目的

（1）掌握铁路线路平面和纵断面构成。
（2）掌握常见道岔的种类及单开道岔组成。
（3）掌握中间站、编组站车站组成及各车场、道岔、渡线的作用。

## 二、实验原理

线路是列车运行的基础，起着承受列车巨大质量、引导列车运行方向等作用。线路是由路基、桥隧建筑物及轨道三大部分组成的一个整体工程结构物。

路基是线路重要组成部分，是承受轨道和车辆负载的基础。路基的基本形式为：路堤、路堑和半堤半堑。路基的基本构造是由路基面、路肩、边坡及排水设备等组成。轨道是用来引导列车行驶方向，直接承受由车轮传来巨大压力，并将之传递、扩散到路基或桥隧建筑物上的整体工程结构。轨道由道床、轨枕、钢轨、联结零件、防爬设备和道岔等组成。

铁路车站是铁路中重要的组成部分，根据车站技术作业性质不同，分为会让站、越行站、中间站、区段站、编组站，车站不同，车站的规模及设备组成也有区别。通过铁路沙盘模型，掌握各类车站的组成及作用。铁路道岔是铁路车站最常见的设备，通过道岔模型可了解常见道岔类型、道岔结构、道岔的位置等内容。

## 三、实验仪器、设备

铁路沙盘模型，编组站沙盘模型，道岔模型。

## 四、实验内容

1．轨道的组成及作用

轨道由钢轨、轨枕、联结零件、道床、防爬设备等部分组成。

（1）钢轨。

钢轨的作用是直接承受车轮的巨大压力并引导车轮的运行方向，此外在电气化铁路和自动闭塞区段，作为轨道电路使用。因而它应当具备足够的强度、稳定性和耐磨性。

为了使钢轨具有最佳的抗弯性能，钢轨的断面形状采用“工”字形，如图 4-1 所示，由轨头、轨腰和轨底组成。

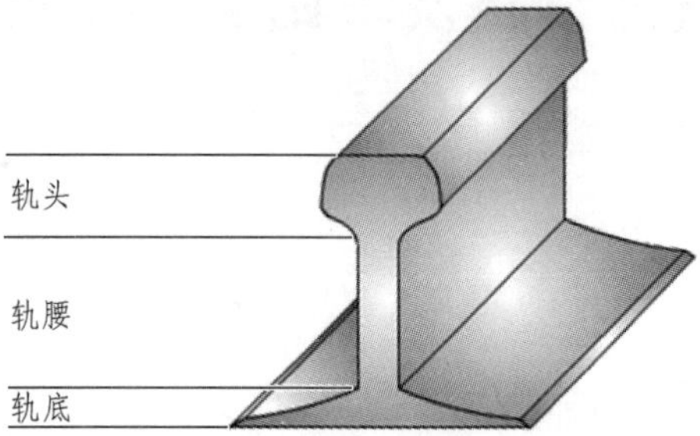


图 4-1　钢轨断面示意图

在我国，钢轨的类型或强度以每米长度的大致质量（千克数）表示，现行的标准钢轨类型有：75 kg/m、60 kg/m、50 kg/m。钢轨的长度长一些好，可以减少接头的数量，保证列车运行更加平稳并可节省接头零件和线路的维修费用，但是由于加工条件和运输条件的限制，一根钢轨的轧制长度是有限的。目前我国钢轨的标准长度有 25 m 和 12.5 m 两种，对于 75 kg/m 钢轨只有 25 m 一种长度。此外，还有专供曲线地段铺设内轨用的标准缩短轨若干种。普通轨道为适应钢轨热胀冷缩的需要，钢轨接头处必须留有一定的缝隙。预留轨缝不应太小，以免高温时钢轨伸长而无伸长余地；轨缝也不应太大，以免低温时钢轨缩短，把接头螺栓拉弯或拉断，如图 4-2 所示。

图 4-2　轨缝

（2）轨枕。

轨枕（见图 4-3）的作用是支承钢轨，并将钢轨传来的压力传递给道床，同时可保持钢轨位置和轨距。

轨枕按照制作材料分，主要有钢筋混凝土枕和木枕两种。我国铁路所使用的主要是预应力混凝土枕。

我国普通轨枕的长度为 2.5 m，道岔用的岔枕和钢桥上用的桥枕，其长度有 2.6 ~ 4.85 m 多种。每千米配置的轨枕根数，由运量、行车速度、线路等级条件决定，力求在最经济条件下，保证轨道具有足够的强度与稳定性。

图 4-3　轨枕

（3）联结零件。

联结零件分为接头联结零件和中间联结零件。

接头联结零件（见图 4-4）：两节钢轨的末端，用接头联结零件联结。先用两块鱼尾板夹住钢轨，然后用螺栓拧紧。为防止螺栓松动，在螺帽与鱼尾板之间加有弹簧垫圈。

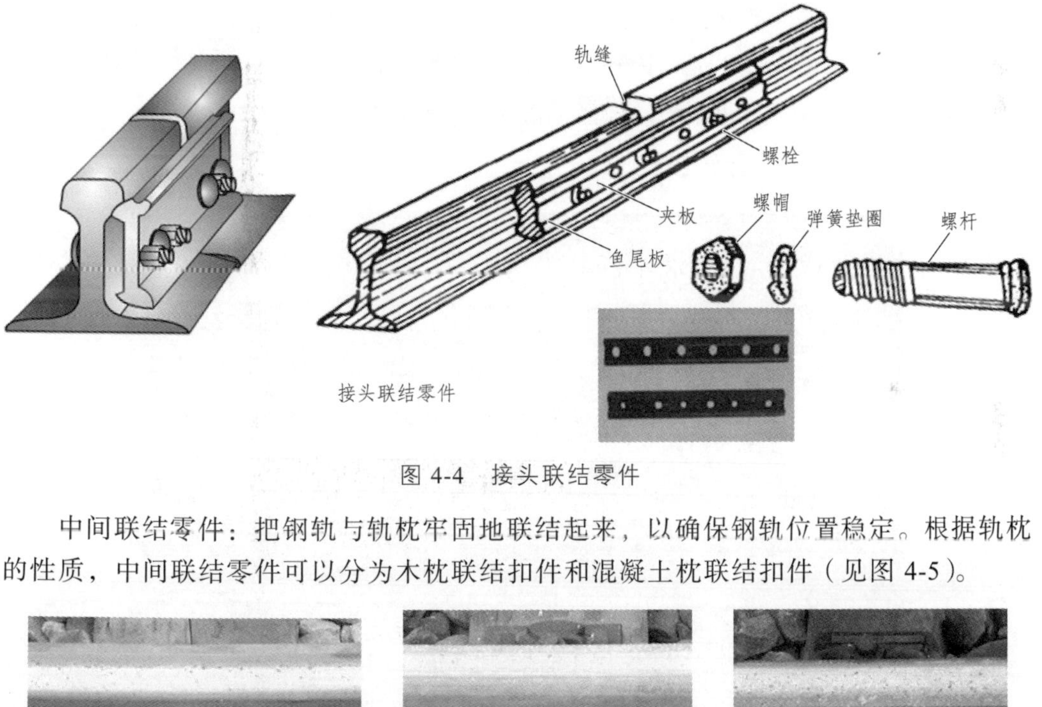


图 4-4　接头联结零件

中间联结零件：把钢轨与轨枕牢固地联结起来，以确保钢轨位置稳定。根据轨枕的性质，中间联结零件可以分为木枕联结扣件和混凝土枕联结扣件（见图 4-5）。

图 4-5　扣件

（4）道床。

道床介于轨枕与路基之间，是轨道的重要组成部分。道床是铺设在路基面上的石砟（道砟）垫层，主要作用是：支承轨枕，把从轨枕上部的压力均匀地传递给路基；固定轨枕的位置，阻止轨枕纵向或横向移动；缓和机车车辆轮对对钢轨的冲击。传统的铁路轨道通常由两条平行的钢轨组成，钢轨固定放在枕木上，之下为小碎石铺成的道砟。道砟和枕木均起加大受力面、分散列车压力、帮助钢轨承重的作用，防止钢轨因压力太大而下陷到泥土里。此外，道砟（小碎石）还有几个作用：降噪、吸热、减震、增加透水性等，这就是有砟轨道。传统有砟轨道具有铺设简便、综合造价低廉的特点，但容易变形，维修频繁，维修费用较大，同时列车速度受到限制。无砟轨道（见图 4-6）的轨枕本身是混凝土浇灌而成，而路基也不用碎石，钢轨、轨枕直接铺在混凝土路上。无砟轨道是当今世界先进的轨道技术，可以减少维护、降低粉尘、美化环境，而且列车时速可以达到 200 km 以上。

图 4-6　无砟轨道

（5）防爬设备。

列车运行时，车轮作用于钢轨上除产生竖向力和横向力外，还产生一个纵向水平推力，能引起钢轨的纵向移动，有时甚至带动轨枕沿着线路方向一起移动，此种现象称为轨道的爬行。

在直线地段，由于列车纵向力的作用，轨枕可能被拉斜。预防方法是将防爬器与防爬支撑配合使用，如图 4-7 所示。

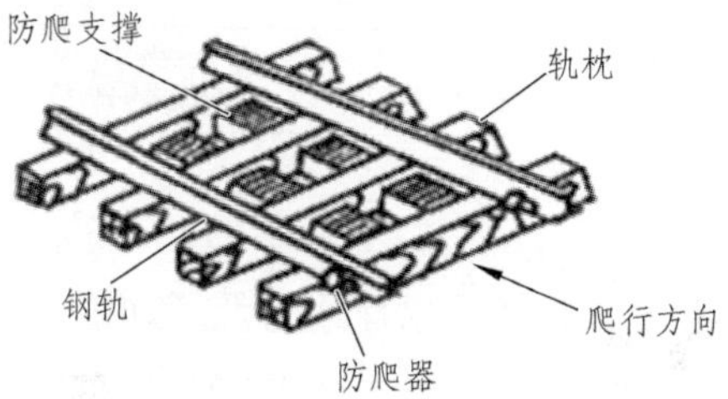


图 4-7　防爬设备

在曲线地段，由于列车横向力的作用，很容易引起轨距扩大。预防方法是采用轨距拉杆进行加固，如图 4-8 所示。

图 4-8　轨距拉杆

2．路基作用及组成

（1）路基组成。

路基工程主要由路基本体、路基防护和加固建筑物、路基排水设备三部分建筑物组成。

铁路路基本体主要包括：路基顶面、路肩和路基边坡，如图 4-9 所示。

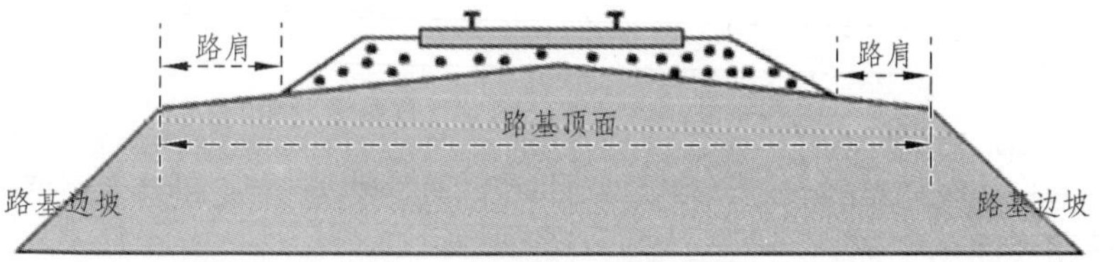


图 4-9　路基

路肩：路基顶面两侧无道床覆盖的部分称为路肩。

路基边坡：路肩边缘以外的斜坡为路基边坡。

（2）路基的基本形式。

把垂直于线路中心线的路基横截面称为路基横断面，简称路基断面。按照路基所处的地势情况与横断面的形状，路基断面可以分为 6 类，下面主要介绍两类：

① 路堤：路基设计标高高于地面标高，用土、石填筑而成的路基，如图 4-10 所示。

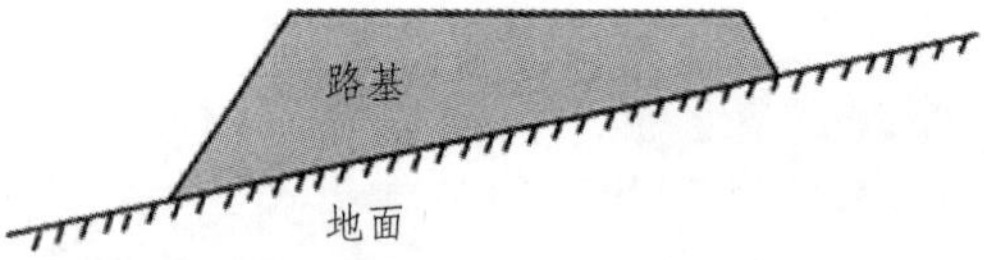

图 4-10　路堤

② 路堑：路基设计标高低于地面标高，通过挖掘而形成的路基，如图 4-11 所示。

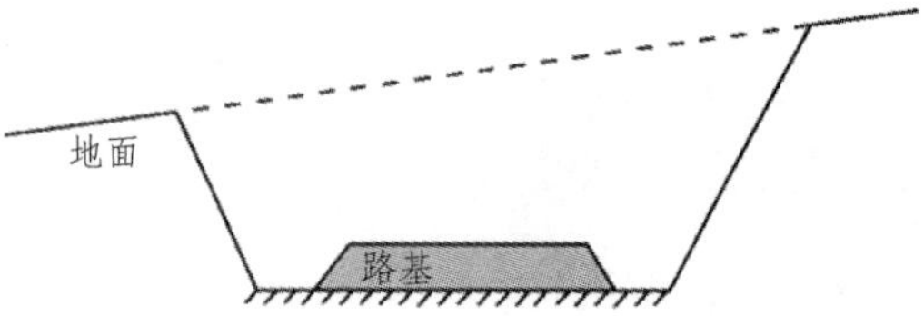

图 4-11　路堑

此外还有不填不挖路基、半路堤、半路堑和半路堤半路堑。

3．铁路线路的平面和纵断面

铁路线路在空间的位置是用它的中心线来表示。线路中心线在水平面上的投影叫作铁路线路的平面，表明线路的直、曲变化状态；线路中心线展直后在铅垂面上的投影叫作路线路的纵断面，表明线路的坡度变化（见图 4-12）。

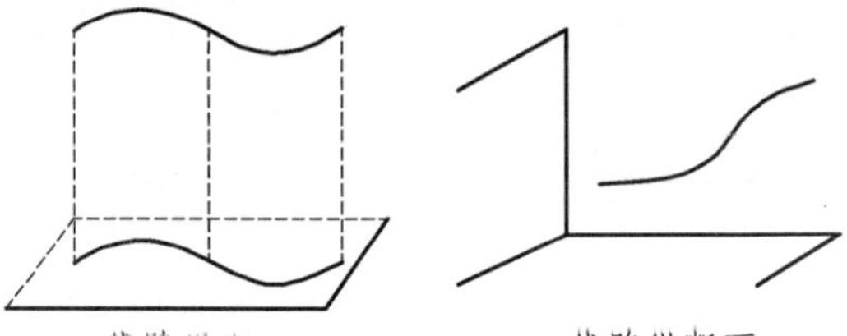

图 4-12　铁路平、纵断面

（1）铁路线路的平面。

线路的平面由直线、圆曲线以及连接直线与圆曲线的缓和曲线组成，如图 4-13 所示。

（2）铁路线路的纵断面。

线路纵断面由平道、坡道及设于变坡点处的竖曲线组成。

坡度是一段坡道两端点的高差 $h$ 与水平距离 $L$ 之比，用 $i‰$ 表示，如图 4-14 所示。

$$i‰=\frac{h}{L}=\tan\alpha$$

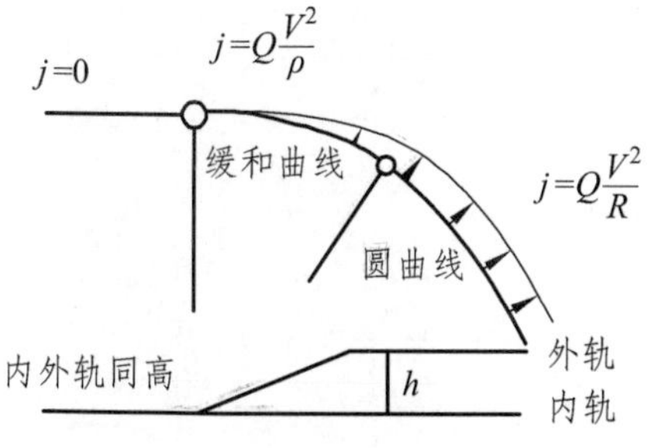


图 4-13　线路平面

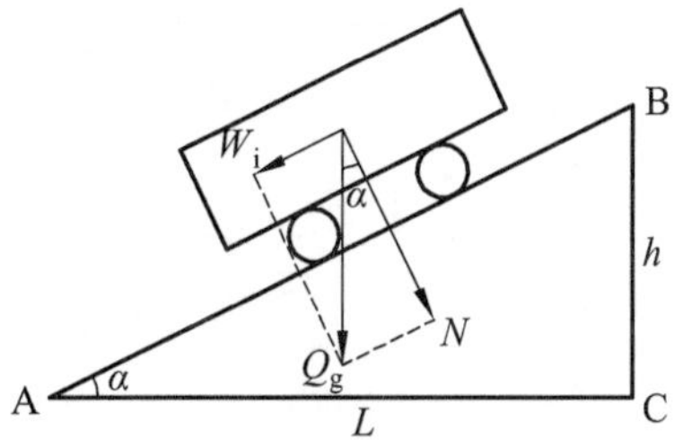


图 4-14　线路纵断面

线路纵断面上坡度的变化点叫变坡点。相邻变坡点间的距离叫坡段长度。

4．常见道岔类型及组成

道岔是一种使机车车辆能从一股道转入另一股道的线路连接设备。常见的有：单开道岔、对称道岔、三开道岔、交分道岔、交叉设备等。

（1）单开道岔。

① 单开道岔的组成。

普通单开道岔由转辙器、连接部分、辙叉及护轨部分组成，如图 4-15 所示。

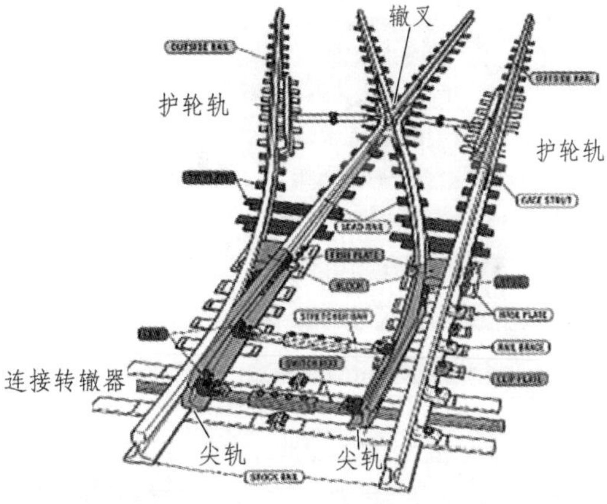


图 4-15　单开道岔

转辙器：包括两根尖轨和两根基本轨，是引导机车车辆转线的部分。

连接部分：包括两根直轨和两根导曲线轨。它是将转辙器和翼轨联结起来的部分。

辙叉及护轨：包括辙叉、护轨、主轨（安装护轨的基本轨）及其他联结零件，其作用是使运行在一条钢轨上的列车车轮的轮缘能越过另一条钢轨。

有害空间：从辙叉两翼轨相距最近处（辙叉咽喉）至辙叉心轨实际尖端之间称为“有害空间”，如图 4-16 所示，这一段是轨线中断区段。为保护车轮安全通过“有害空间”，在辙叉两侧相对有害空间位置的基本轨内侧设置护轨。

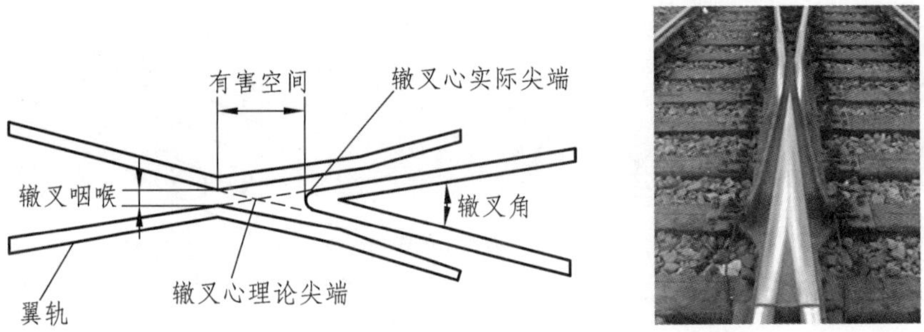


图 4-16　有害空间

② 单开道岔的开通方向。

通常把道岔经常所处的位置叫作定位，临时根据需要改变的另一位置叫作反位，如图 4-17 所示。通过观察轮轨关系可知，列车车轮始终是卡在两条钢轨内侧，即使列车运行遇到道岔而有多条轨道时，列车车轮仍是被卡在两条钢轨的内侧并沿着连续的轨道运行。开通侧向时，右侧尖轨密贴基本轨，左侧尖轨与基本轨有空隙；开通直向时，左侧尖轨密贴基本轨，右侧尖轨与基本轨有空隙。

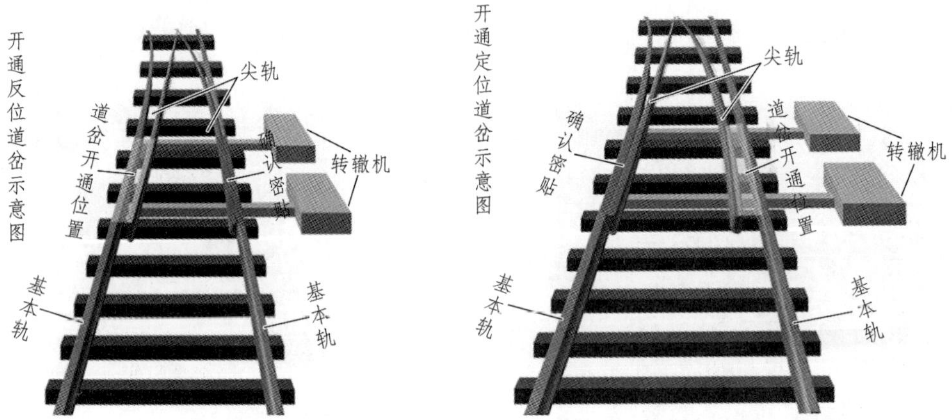


图 4-17　单开道岔开通方向

③ 顺向过岔与逆向过岔。

列车迎着道岔尖轨运行时，叫逆向过岔；反之，列车顺着道岔尖轨运行时，就叫顺向过岔。

④ 渡线。

在铁路车站内，连接两条平行线之间的设备称为渡线，由两个道岔及直线段组成，如图 4-18 所示。渡线上两个道岔转换时，要求同时都开通定位或反位，称为联动道岔。如需要布置两个八字形渡线，但是由于空间限制，把两个渡线合成一个构成了交叉渡线，如图 4-19 所示。

图 4-18　渡线

图 4-19　交叉渡线

（2）对称道岔。

对称道岔由主线向两侧分为两条线路，道岔各部件均按辙叉角平分线对称排列，两条连接线路的曲线半径相同，无直向或侧向之分，因此两侧线运行条件相同，如图 4-20 所示。

对称道岔能够增大导曲线半径，提高侧线通过速度，并可缩短站场长度。

图 4-20　对称道岔

（3）交分道岔。

交分道岔是将一个单开道岔纳入另一个道岔内构成的，如图 4-21 所示。它起到了两个道岔的作用，且占地较短，但交分道岔构造复杂，一般仅在编组站、区段站或其他用地长度受限制的咽喉区采用。

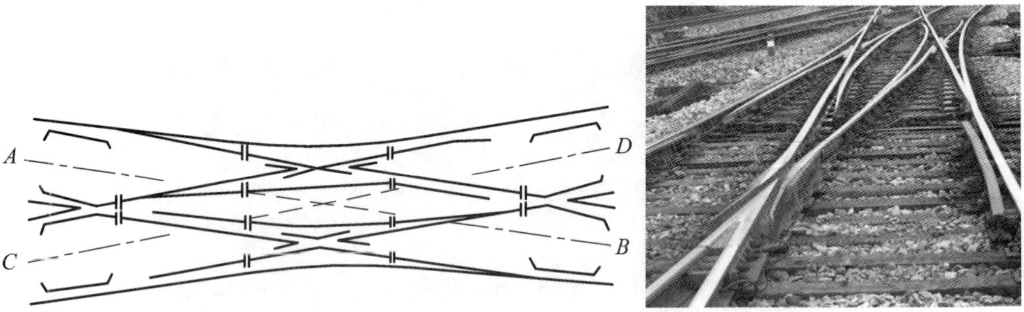


图 4-21　交分道岔

5．铁路车站

（1）道岔定位反位判断。

观察铁路沙盘（见图 4-22）中各个车站，判断各个道岔的定位、反位开通位置。

（2）道岔渡线的作用。

观察铁路沙盘中各个车站，分析各道岔渡线作用。

（3）车站线路。

观察铁路沙盘中各个车站，分析车站各股道的作用。

（4）编组站沙盘。

参观成都北编组站沙盘，建立车场的概念，了解编组站各车站的功能，了解编组站内到达、解体、编组、出发的技术作业流程。

图 4-22　沙盘

## 五、实验步骤

（1）通过教师对模型、沙盘的讲解，了解各种设备的组成及作用。
（2）掌握道岔结构、铁路车站的组成及作用。

## 六、实验报告要求

（1）认真完成实验报告，报告要用实验报告纸，书写工整，按时上交。
（2）对思考题应能依据实验过程做出相应的回答。

## 七、实验注意事项

（1）不能携带食物进实验室。
（2）爱护实验室设备。

## 八、思考题

（1）简述路基的组成及作用。
（2）轨道由哪几部分组成？
（3）简述单开道岔的组成。
（4）什么时候容易发生挤岔事故？
（5）铁路车站都有哪些线路？
（6）成都北编组站都有哪些车场，各车场的作用是什么？

# 实验五 高速铁路列车驾驶仿真实验

## 一、实验目的

（1）了解高速铁路驾驶行为与安全仿真平台组成。

（2）了解高速铁路驾驶行为与安全仿真平台的基本功能。

（3）了解高速动车组 CRH380 发车准备、出站、进站、正常行驶等基本操作和列车非正常状态下应急处置的基本流程。

（4）掌握列车控制系统在列车运行中的工作过程。

## 二、实验原理

高速铁路驾驶行为与安全仿真平台由仿真驾驶舱、数据采集与控制系统、列车设备及运行状态仿真系统等 13 个子系统构成，涉及计算机仿真技术与列车动力学、列车控制、计算机图形图像、多媒体、生理心理学、人工智能、行为学等技术与理论，能高度还原高速列车动车组 CRH380 的性能，可实现运行环境以及信号系统的模拟，能够全面、真实地模拟动车在各种运行环境与工况下的运行状况、操纵特性、牵引/制动特性以及其他特性，并能够从视觉、听觉、触觉等方面逼真地再现动车在不同情况下的运行状况。

列车运行控制系统（简称 CTCS）包含两个子系统，即车载子系统和地面子系统。车载子系统的作用是保证列车控制中心管辖内列车的运行安全，由 2 个部分组成：车载 ATP 设备、无线系统车载模块。车载 ATP 设备是基于安全计算机的控制系统，通过与地面子系统交换信息来控制列车运行。无线系统车载模块用于车载子系统和列车控制中心进行双向信息交换。地面子系统包括：应答器、轨道电路、无线通信网络（GSM-R）、列车控制中心（TCC）和无线闭塞中心（RBC）。其中 GSM-R 不属于 CTCS 设备，但是重要组成部分。

列车控制系统的目的是保障行车安全、提高运行效率。中国铁路列车控制系统 CTCS 五个级别 0～4：CTCS-0 是 120 km/h 及以下既有线信号设备，用的是固定闭塞；C1 是 120 km/h 及以下既有线信号设备，用的是固定闭塞；C2 是 200-250 km/h 提速干线与客运专线信号设备，用的是准移动闭塞；C3 是 300 km/h 及以上客运专线信号设备，用的是准移动闭塞；C4 是 300 km/h 高速客专信号设备，用的是移动闭塞。

该平台包含列车运行控制系统 CTCS-2 与 CTCS-3。

C2 列控系统的功能：轨道电路是为了检车列车占用情况，提供列车运行前方空闲闭塞分区数量，应答器功能中有源应答器提供临时限速和进路信息，无源应答器提供线路允许速度和闭塞分区长度等。车载 ATP 的功能是收全了地面应答器和轨道电路送上来的数据以后，完成牵引计算，算出速度防护曲线，一直算到目标点。

C3 列控系统的功能：C3 和 C2 都设有调度集中设备 CTC 和车站联锁设备，在速度 300 km/h 上设置了两套防护系统，CTCS3 是主控，CTCS2 是后备。C3 列控系统是基于 GSM-R 无线通信（无线基站）实现车地信息双向传输，无线闭塞中心 RBC 生成行车许可，轨道电路实现列车占用检查，应答器实现列车定位。

C3 列控系统工作过程——通过轨道电路技术获知列车在什么位置，轨道电路信息送给车站联锁，轨道电路信息也要送给无线闭塞中心 RBC，此外调度指挥中心 CTC 运行图数据要通过光纤通信送到 RBC 里去，同时发送到车站联锁系统。车站联锁会按照运行图要求准备好站内接发车记录，保障列车站内行车安全，把车站接发车记录准备情况以信号授权的形式报告给 RBC，调度员如果有临时限速，则将命令送给 RBC。车载 C3 的 ATP 还会通过 GSM-R 把列车数据送到地面，报告地面车的准确位置。RBC 根据收到的数据计算出每个车的行车许可，连同车上其他数据一起送到车载 ATP，待 ATP 接收所有数据后进行牵引计算，得出速度防护曲线，一直算到列车到达目标车站。列车运行中不停地和 RBC 进行数据交换。

此外，CTCS-3 级列控系统总体技术原则规定：CTCS-3 级列控系统满足跨线运行的运营要求：CTCS-2 级作为 CTCS-3 级的后备系统。无线闭塞中心（RBC）故障或无线通信故障时，CTCS-2 级列控系统控制列车运行。这就要求 CTCS-3 级列控系统（以下简称 C3 系统）不仅要集成 CTCS-2 级列控系统（以下简称 C2 系统）运行控制功能，而且要在列车运行过程中实现 C2/C3 自动转换，整个转换过程不停车，即实现“无缝”转换，满足不停车跨线运行要求，或是不停车降级运行要求。

## 三、实验仪器、设备

高速铁路列车驾驶仿真设备。

## 四、实验内容

1．硬件介绍

系统硬件包括了仿真驾驶舱、数据采集与控制系统、列车设备及运行状态仿真系统、视景仿真系统、声音仿真系统、动力学仿真系统、信号仿真系统、非正常行车仿真系统、列车故障应急处理仿真系统及高速列车司机仿真系统运行所需要的相关系统。高速铁路列车模拟驾驶器如图 5-1 所示。

图 5-1　高速铁路列车模拟驾驶器

2．软件系统

系统软件主要包括：动车运行仿真、故障模拟、声音仿真、运动控制、视景仿真、数据采集与控制、系统数据库、课程设计与管理、三维场景模型数据库及其素材和声音文件等软件。

3．系统操作

1）高铁驾驶行为与安全仿真平台启动和关闭流程

（1）开机流程。

① 打开设备间电气控制柜，将电气控制开关（图中红圈处），由绿色（OFF）状态，向上拨到红色(ON)状态；

② 先打开 UPS 电源电池柜开关，将电池柜开关向上拨到如图位置，再打开 UPS 电源主机背后的输入保护开关，长按前端“开/关机”按钮 1 秒，直到设备发出一声“滴”，电源启动，UPS 电源打开完成；

③ 按下教员台上系统电源的“启动”键，教员台上方的 10 台显示器通电，并显示各子系统计算机开始启动；系统完成后，进入仿真驾驶舱内，使用遥控器，长按遥控器“POWER 键”打开投影仪，通电完成；

④ 系统完成启动后，在教员台使用教员计算机，登陆教员系统，检查各系统是否正常启动，检查完毕后，进行课程发布，开始培训学习。

（2）关机流程。

① 完成使用以后，进入系统关机流程；在教员台，使用教员系统软件，如图所示选择教员，再选择关闭系统所有计算机；

② 待计算机正在关闭时，进入仿真驾驶舱，先关闭投影仪，使用遥控器，按下“POWER”键一次，出现如图所示，再选择“是”；

③ 因为系统有延时关闭，稍微等待以后，待系统设备全部进入关闭状态以后，b 检查机柜各子系统的电脑都已停止工作后，按下教员台上的关闭按钮，关闭整个

系统；

④ 关闭系统以后，使用与开启顺序相反的顺序，先长按 UPS 电源“开/关机”键 1 秒，关闭 UPS 电源，再拨下 UPS 电源主机背后的输入保护开关，关闭 UPS 电源电池柜的电池开关，最后将电气控制柜的控制开关拨到绿色（OFF）状态，完成系统关机断电工作。

2）作业准备

（1）将制动手柄移到非拔出位。

（2）等待 ATP 系统自检，按 0 加速启动快速进入 ATP 界面。

（3）将制动手柄移到快速位，按压紧急复位，缓解紧急制动。

（4）转动升弓旋钮，观察 MON 屏，受电弓升起后，按压 VCB 合，MON 屏上列车从红色变为绿色。

（5）输入列车信息，在制动实验时，将制动手柄移到 B1-B4 级位，等待制动实验结束，启动 ATP。

（6）选择边柜的无人警惕隔离，切除无人警惕。

（7）开放限速后，方向手柄选择方向，给牵引级位，机车正常运行。

3）仿真驾驶操作及非正常状态应急处置

（1）驾驶舱操作。

根据列车车载设备 ATP 限速要求行车，通过正确操作牵引手柄和制动手柄进行行车速度控制，熟悉出站、进站期间速度运行曲线的规律，同步练习脚部的 DSD 无人警惕脚踏的动作（每 60 秒以内踏一下）。如遇列车行驶的非正常状态，进行相应的应急处置，在过程由实验指导老师在旁指导操作。

（2）教员系统操作。

学习在教员系统上设置临时限速、会车、环境和天气变化、突发列车车辆故障、轨道故障、自然灾难等事件，通过监控屏观察驾驶舱中的驾驶行为、ATP 显示情况、视景变化和处置动作等。

## 五、实验报告要求

（1）认真完成实验报告，报告要用实验报告纸，书写工整，按时上交。

（2）对思考题应能依据实验过程做出相应的回答。

## 六、实验注意事项

（1）不能携带食物进实验室。

（2）爱护实验室设备。

（3）需注意使用过程中的用电安全，请勿接触机房服务器、电源柜、电闸等设备。

（4）高铁驾驶模拟器属大型贵重仪器设备，请谨慎使用，勿追逐打闹，不得破坏实验设备，自觉维护实验室卫生整洁。

（5）在实验过程中请勿干与实验无关的事情，勿在实验室玩手机等。

（6）如发现设备出现故障，请立即告知实验指导教师。

## 七、思考题

（1）高速铁路模拟驾驶器硬件由哪几部分组成？

（2）高速铁路列车发车作业流程是什么？

（3）高速铁路列控系统的工作过程是什么？

# 实验六 铁路车站联锁表编制实验

## 一、实验目的

（1）了解联锁表内容。

（2）掌握道岔定反位开通方向。

（3）掌握轨道区段编号的方法。

（4）掌握列车进路基本进路、变更进路联锁关系。

（5）掌握调车进路联锁关系。

## 二、概　述

联锁表就是表达整个车站内的道岔、进路和信号机之间全部联锁关系的表格。联锁表是设计电路的依据，在设备施工完毕交付使用之前，也根据联锁表的内容逐项进行联锁试验。

车站信号平面布置图是编制联锁表的依据。在编制联锁表时，应以进路为主体，从下行咽喉到上行咽喉，从列车进路到调车进路逐条依次顺序编号。然后将所排列进路需要按下的按钮、防护该进路的信号机名称和显示、进路所要求的有关道岔的位置、进路应包括的轨道区段以及与所排进路相敌对的信号等项逐一填写。如站场较小，全站可编制一张联锁表；如站场规模较大，则两咽喉可分别编写。

## 三、实验仪器及设备

铁路车站联锁表仿真系统

## 四、实验步骤及方法

### （一）熟悉联锁表的内容及原理

结合“铁路通信信号与列车运行控制”理论课程，熟悉铁路车站联锁表内容与原理。

### （二）编制联锁表

1．进入系统

点击 stationModel 进入系统（见图 6-1）。

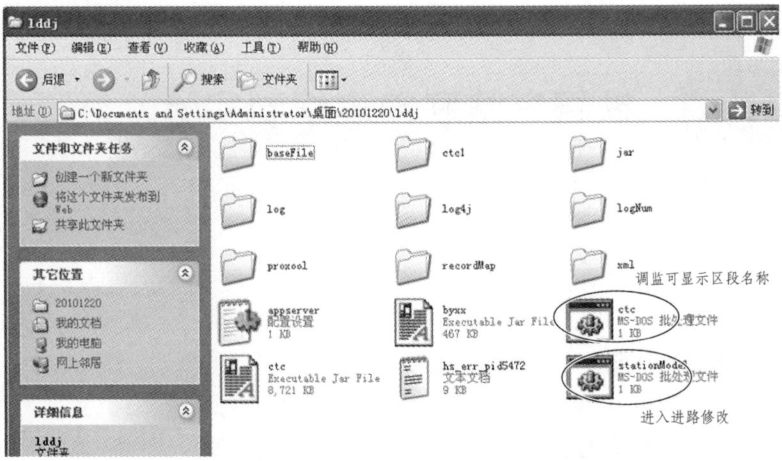


图 6-1 选择系统

2．选择进入联锁表编制系统

联锁表编制系统如图 6-2 所示。

图 6-2 联锁表仿真系统

3．打开站场图文件

根据指导教师要求，打开指定的站场图（见图 6-3），选择自动生成节点图。

图 6-3 选择站场图

4．打开进路文件

打开进路文件，选择与站场图对应的进路文件，如图 6-4 和图 6-5 所示。

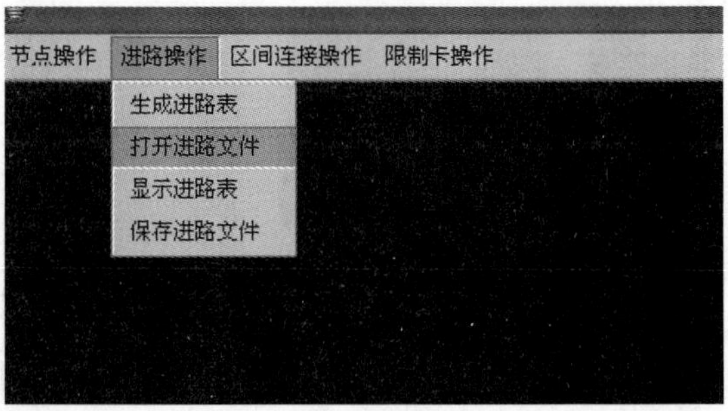


图 6-4　打开进路文件

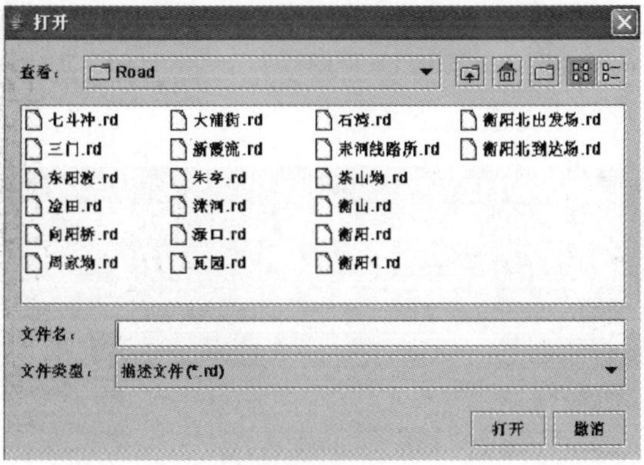


图 6-5　选择与站场图对应的进路文件

5．编制联锁表

进路文件编制界面如图 6-6 所示。

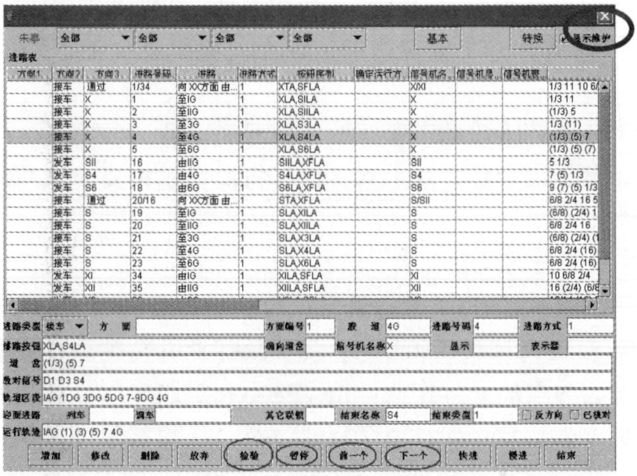

图 6-6　进路文件编制

6．修改联锁表

在联锁表编制系统内，选中显示维护，在实验开始时，系统给出两条进路示例文件。选中某行，然后点击“增加”，可增加多条；可对每条的内容进行修改。在编制时，各道岔之间用“空格”来间隔；正线股道罗马数字Ⅰ用大写英文字母I代替；轨道区段注意看图中的各区段的编号；联动道岔在道岔栏要按照联动道岔来写入 1/3，表明 1/3 道岔的定位，但在运行轨迹栏要按经过的道岔来写，联动道岔要分开写 1 表明经过道岔 1 的定位；运行轨迹栏按照列车运行经过的轨道电路及道岔进行顺序填写。

7．联锁表内容

进路类型：进路类型有接车、发车、通过、调车，根据进路的类型进行选取。

方面：车站衔接的各个方向名称，对各个方向进行编号，在方面编号栏写上方向的编号（下行进站为 1，下行出站为 2，上行出站为 3，上行进站为 4）。

股道：接发列车作业时，才需要写上相应的股道名称，如图 6-7 所示，办理 3 道下行接车进路，股道栏写上 3G。

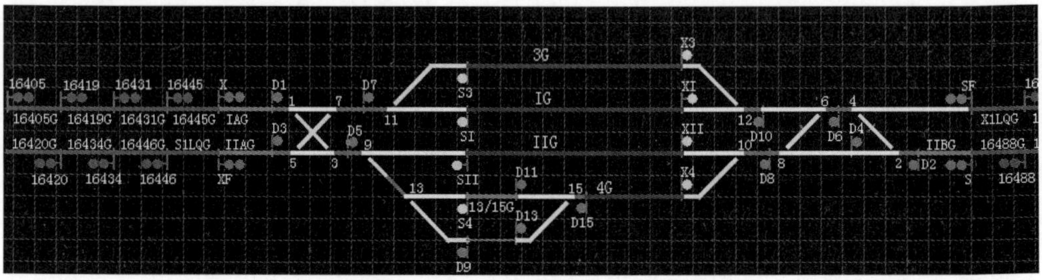


图 6-7　车站联锁进路示意图

进路号码：联锁表进路，按从上到下的顺序编号。

进路方式及确向道岔：接车、发车进路表里，如某条进路有基本进路和变更进路，基本进路的联锁进路表内，进路方式栏填写 1，并把基本进路与变更进路关键的道岔不同开向的位置填上；变更进路的进路方式栏根据变更进路的多少，从 2 开始顺序填写。

信号机名称：联锁进路始端需要开放的信号机名称，如图 6-7 中，办理下行 3 道正方向接车进路，信号机名称栏填上 X，信号机的显示按要求填写绿（L）、黄（U），白（B）。

道岔：进路作业经过的道岔位置，道岔定位直接写上道岔名称，11 表示道岔定位；道岔反位，加小括号表示，（11）表示道岔反位；防护道岔加中括号，如图 6-7 中，办理下行 4 道接车，经过交叉渡线（1/3），为保证作业安全把道岔 5/7 防护到定位，写为[5/7]；带动道岔，为增加平行作业，把某些不在进路中的道岔，带动到某位置，在道岔带动位置上加上大括号，如{（5/7）}表示把 5/7 道岔带动到反位；道岔与道岔之间加上空格。

排列进路按钮：根据作业的类型不同填入相应的作业按钮，始端按钮填写在前面，终端按钮写在后面。接车进路始端按钮是进站信号机对应的列车按钮，终端按钮是同咽喉接车股道上的列车按钮，如图 6-7 中，办理下行 3 道接车作业进路，需填上“XLA，S3LA”；发车进路始端按钮是出站信号机对应的按钮，终端按钮是发车方向进站信号机对应的列车按钮，图 6-7 办理上行 3 道正方向发车作业进路，需填上“S3LA，XFLA”；通过进路始端按钮是进站信号机对应的通过按钮，终端按钮是通过进路终端方向进站信号机对应的列车按钮，办理下行 I 道通过作业进路，需填上“XTA，SFLA”；列车进路，只填上进路始端，终端按钮办理的进路是基本进路，如某项作业有变更进路，需在按钮中间填上变更按钮，办理上行进站信号机 S 到 4 道的接车作业进路，进路有 2 条，基本进路经过 2/4、6/8、(10)，变更进路经过 (2/4)、(6/8)、(10)，则变更进路对应的按钮栏填上“SLA，BA，X4LA”；调车进路只编制短调车作业进路，始端按钮是始端调车信号对应的调车按钮，终端根据终端信号机的布置形式填写，终端调车信号机是并置或差置时，终端按钮是反方向调车信号机对应的调车按钮，终端调车信号机是单置时，终端按钮是对应的调车按钮，如办理 4 道至 D4 的调车作业进路，始端按钮是 X4 对应的调车按钮，终端按钮是 D8 对应的调车按，按钮栏填上“X4DA，D8A”。

敌对信号机：进路办理时，敌对进路的始端信号机。敌对信号在填写时，一条最基本原则是道岔都在该进路开通的位置，道岔位置在不变的前提下，看哪些信号机开放后与该进路形成敌对进路。接车进路，敌对信号机是进路范围内除进站信号机外的所有同向、反向信号机。调车进路敌对信号机比较麻烦，敌对信号机是进路范围内的除始端调车信号机外的其他调车机以及经过调车进路范围只能形成一条进路的进路始端信号机，以及经过该进路有可能形成列车进路的列车信号机（这些列车信号机有经过调车进路的列车进路以及不经过调车进路的列车进路，这时才用条件来表达；如果列车信号机经过调车进路只有一条列车进路，则该列车信号机是直接敌对信号机），这些列车信号机用加道岔位置条件表示。在敌对信号机栏注意不能把起始信号机填在该栏里，如果填入，则在检验时，起始信号机不会显示允许信号。

以图 6-7 为例进行分析，办理下行进站信号机 X 至 3 道接车进路，进路范围有 X、D1、D7、S3，进路完成后，X 开放，敌对信号栏填“D1 D7 S3”。发车进路，敌对信号机是发车进路范围内除出站信号机列车信号外，进路范围内的其他信号机，上行 4 道正方向发车，进路范围有 S4、D5、D3、XF，因出站信号机是双机构有列车和调车两种显示，故在敌对信号机栏填写“S4D D5 D3 XF”。办理 X4D 至 D4 的调车作业进路，进路范围内有 X4、D8，起始信号机 X4D，敌对信号机有 X4L、D8，在进路道岔位置固定条件下，还有可能形成经过 8 道岔定位的 S 方向接车进路，故敌对信号机还要加上<8>S，表示经过 8 号道岔定位的 S，在 X4D 至 D4 的调车进路敌对信号机栏填上“X4L D8 <8>S”。通过以上分析可知，列车进路的敌对信号机比较容易找出来，调车信号机的敌对信号机除进路范围的信号机外，还要考虑有条件敌对的列车信号。

轨道区段：进路范围内的所有轨道电路区段。接车进路范围是从进站信号机到接车股道的同方向出站信号机，接车进路包含了股道，如股道范围内有道岔，应把道岔区段和无岔区段一并填写。如图 6-7 所示，办理下行 X 到 4 道的接车进路，进路范围轨道电路区段为“ⅠAG 1-7DG 3-5DG 9-13DG 13/15WG 15DG 4G”。发车进路范围，是从出站信号机开始到出发方向的进站信号机，不含股道。办理下行 X4 到 SF 的发车进路，进路范围轨道电路区段为“10DG 8DG 6DG 4DG”。

迎面进路：联锁作业进路，异侧咽喉能不能向对应股道进行作业。只有接车进路、向股道的调车进路才禁止异侧咽喉向股道进行作业。接车进路，禁止异侧咽喉向股道接车、调车，向股道调车作业进路，禁止向股道调车。如图 6-7 中，下行进站信号机 X 至 3 道的接车作业，右端咽喉不能向 3 道接车、调车，故在迎面进路列车、调车栏均填“3G”。调车信号机 D6 至 3 股道调车进路，只在迎面进路调车栏填“3G”。

运行轨迹：列车从始端信号机开始，经过的无岔区段、道岔依次填写，此时联动道岔要分开填写。如图 6-7 中，下行进站信号机 X 至 3 道接车进路，运行轨迹栏填写“IAG 1 7（11）3G”。注意：股道调车作业，运行轨迹包含股道，但轨道电路部分不包含该股道轨道电路区段，即向股道调车进路轨迹含股道，但不检查股道轨道电路占用。

8．联锁进路表检验

在联锁进路表显示维护对话框内，有检验、暂停、前一个、下一个、快进、慢进等快捷菜单。点击“检验”（见图 6-8），联锁表内各条进路按照从上到下的顺序逐条检验，如进路表内各项都填写正确，则在车站图中进路轨迹用白光带显示；如联锁进路表各栏填写不正确，则按填写内容显示。若进路表内敌对信号机填写不正确，则进路检验结果内始端信号不能开放。

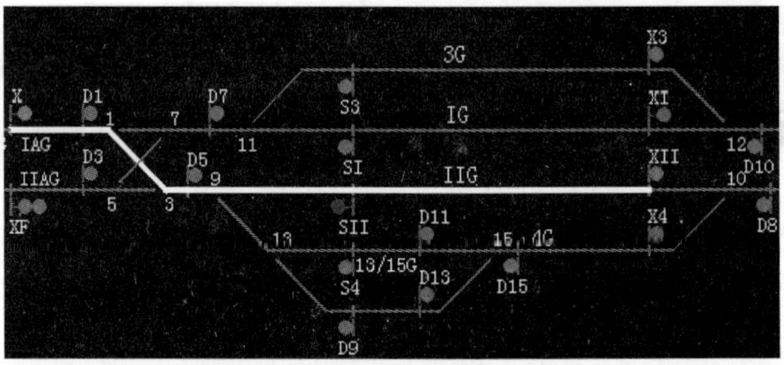


图 6-8　联锁进路表检验图

为便于检验，点击“检验”快捷菜单，进路表逐条检验，点击“暂停”快捷菜单，点击“前一个”“下一个”快捷菜单可以查看特定的联锁进路表。“快进”“慢进”快捷菜单能改变进路表检验的速度。

## （三）编制要求

根据实验的学时及内容，实验按照列车进路、调车进路两个实验进行展开。

列车作业进路实验：根据指导教师指定的站场图，编制下行正方向接车、下行正方向发车、上行正方向接车、上行正方向发车所有的列车进路；上、下行反方向接、发车各编一条即可；如果列车进路有变通进路，请编制变通进路的联锁表。编制完成后，实验指导教师检验完成，自行对实验结果保存。实验报告包含车站图、节点图、联锁表内容、实验心得体会。

调车作业进路实验：调车作业进路编制的是短调车进路的联锁表，请以两端咽喉每个调车信号机（包括出站信号机，因为出站信号机是出站兼调车信号机，在表示出站信号机时调车进路要在信号机后加 D，如 S3D）为起始信号机，完成两端咽喉所有短调车进路（包含向股道调车），注意调车进路的一些有条件敌对情况，确保敌对信号机不遗漏。实验报告包含车站图、节点图、联锁表内容、实验心得体会。

## 五、实验报告要求

（1）认真完成实验报告，报告要用实验报告纸，书写工整，按时上交。

（2）对思考题应能依据实验过程做出相应的回答。

## 六、实验注意事项

（1）未经允许不能携带存储盘进入实验室。

（2）严格按照实验步骤操作计算机，不准进入计算机其他系统。

（3）不准修改、删除计算机内所有文件。

（4）爱护实验室设备。

## 七、思考题

（1）敌对进路如何考虑？

（2）轨道电路、信号机如何编号？

（3）联锁表编制实验遇到的问题如何解决？

# 实验七　6502 电气集中设备原理及操作实验

## 一、实验目的

（1）熟悉 6502 控制台各种按钮的设置要求及使用方法。

（2）理解控制台光带及各种表示灯的含义。

（3）熟练掌握列车进路和调车进路的办理过程。

（4）熟练掌握各种进路的解锁过程。

## 二、实验原理

电气集中联锁，由于实现联锁的元件是电磁继电器，故又称为继电集中联锁。6502 电气集中联锁是用电气方法由一个地方集中操纵、控制和监督道岔、进路和信号机，并实现它们之间联锁关系的设备。

6502 设备的功能为：当机车、车辆通过道岔时，该道岔不能转换；列车进路向占用线路上开通时，有关信号机不能开放（引导信号除外）；能监督是否挤岔，并于挤岔的同时，使防护该进路的信号机自动关闭。被挤道岔未恢复前，有关信号机不能开放。该设备在控制台上能监督线路与道岔是否占用，进路开通及锁闭，复示有关信号机的显示。

6502 电气设备是目前铁路上仍大规模使用的设备，因此要对该设备有一定的了解，并且要熟悉 6502 设备的基本操作。整个设备可分为室内、室外两大部分（见图 7-1）：室内部分主要有控制台、电源屏、区段人工解锁按钮盘、继电器组合及组合架；室外部分主要有信号机、电动转辙机和轨道电路。

## 三、实验仪器、设备

6502 操作台。

## 四、实验内容

6502 电气集中的原理是利用轨道电路完成信息传递，电动转辙机完成道岔的转换，利用色灯信号机车完成信号的显示，用继电器完成信号、道岔、轨道电路之间的联锁关系，用控制台完成信号的操作、控制、显示。行车有关人员不仅在控制台能完成各种操作，还可以监督、显示相关设备状态、列车运行状态等。

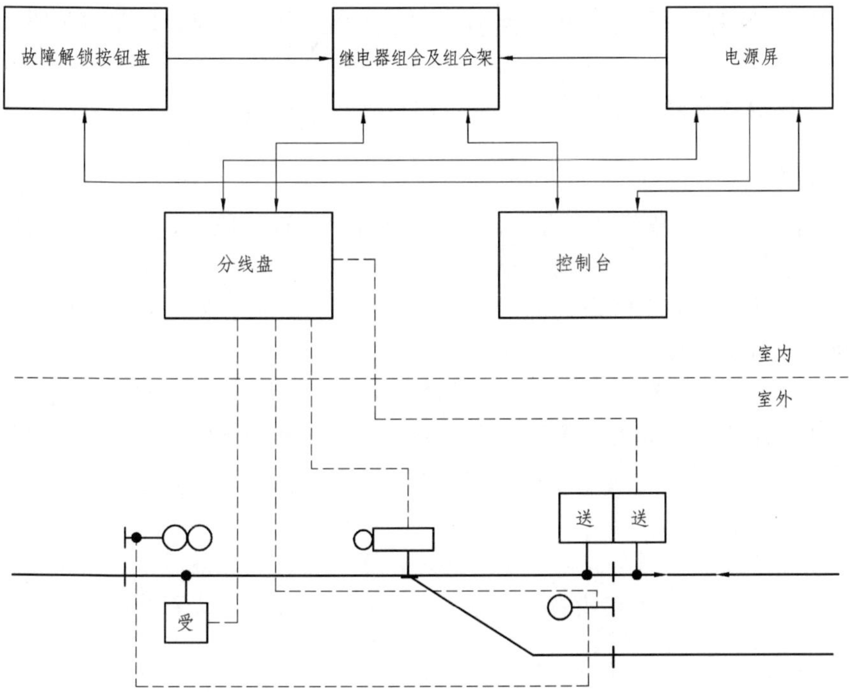


图 7-1　6502 设备构成

6502 电气集中采用单元控制台。在控制台上设有进路按钮、道岔按钮以及其他各种不同用途的按钮。为了防止误动一个按钮而构成误操作信息，原则上采用按压两个按钮（可以不同时按）才生成一个有效的操作信息的方式。因此在控制台的模拟站场图上，相当于进路的始端和终端部位都设有进路按钮。这样在办理进路时很容易在模拟站场图上找到进路的始端按钮和终端按钮（即列车从哪里来到哪里去），既形象又直观。根据按压始、终端按钮的先后顺序就能将进路中有关道岔转换到规定的位置，且防护该进路的信号机也根据这种操作而自动地开放。这种始、终端按钮操作又称为进路式操作方式。控制台上的主要表示器件是表示灯。表示灯的用途大致分为三个方面：一是正确反映室外监控对象的状态及线路运用情况；二是表示操作手续是否完成；三是反映继电器电路的工作状态以便发生故障时及时发现并判明故障出处。

进路控制过程分为进路建立过程和进路解锁过程。

1. 进路建立过程

进路建立过程可进一步分解成以下 5 个阶段。

（1）操作阶段。办理进路时，操作人员按压进路的始端按钮和终端按钮，以确定进路的范围、方向和性质（指列车进路，还是调车进路）。

（2）选岔（路）阶段。根据已确定的进路范围，自动选出与进路有关的道岔位置。

（3）道岔转换阶段。将选出的道岔位置转换到所需的位置。

（4）进路锁闭阶段。道岔转换完毕后，将有关道岔和敌对进路予以锁闭，确保行车安全。

（5）开放信号阶段。给出允许信号，放行列车或车列。

2．进路解锁过程

（1）取消进路（预先锁闭的解锁）。列车未驶入接近区段时，人工按压进路始端按钮和另一取消按钮（一个咽喉设一个），使进路立即解锁。

（2）正常解锁。列车或车列驶过进路上的道岔区段后，使进路自动解锁。正常解锁又分为一次解锁制和逐段解锁制两种方式。

（3）非常解锁（接近锁闭的解锁）。习惯上称为人工解锁。当接近区段有车占用时，想人工地使进路解锁称为人工解锁。人工解锁必须保证先关闭信号机，从信号机关闭时算起要延迟一定时间（对接车进路和正线发车进路是 3 min，对站线发车和调车进路是 30 s），才允许进路解锁。

（4）故障解锁。当列车或车列正常通过进路上的道岔区段后，如果由于某段轨道电路故障，GJ 该吸起不吸起或者根本就没有落下，那么就造成部分或全部进路没有解锁。在这种情况下，所采取的人工解锁方式称为区段故障解锁。

## 五、实验步骤

1．熟悉 6502 设备的组成

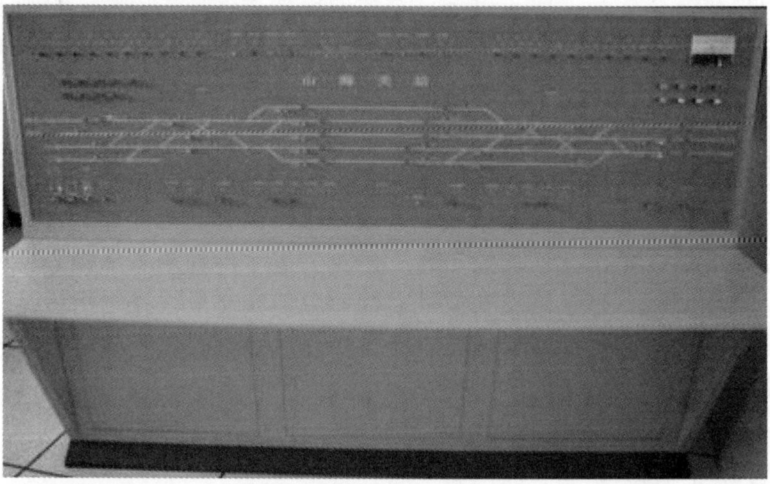

图 7-2　6502 控制台

2．熟悉 6502 控制台按钮设置

熟悉图 7-2 中列车作业按钮、调车作业按钮、排列进路表示灯、总取消、总人解、道岔总定位、道岔总反位、道岔单独操纵、区段解锁等按钮，熟悉各按钮的作用及位置。

3．6502 操纵台的使用

（1）排列列车接发车进路。

排列列车接车或发车进路时，先按压进路的始端按钮（绿色按钮为列车按钮），始端按钮表示灯闪光，排列进路表示灯亮红灯，再按压进路终端按钮，进路排通后点亮白光带，现场信号开放，控制台复示器亮绿灯。

（2）排列列车通过进路。

① 一次性办理。办理上行或下行通过进路时，按压进路始端通过按钮和进路终端按钮，进路排通后，接车进路和发车进路的白光带同时点亮，现场进出站信号开放，控制台进出站信号复示器分别亮绿灯。

② 分别办理。先办理某股道发车进路，再办理该股道的接车作业进路。

③ 排列列车变通进路。排变通进路时，顺序按压始端按钮、变通按钮（全部用调车按钮兼用）、终端按钮，即可排出列车变通电路。（要注意并不是所有的列车进路都有变更进路）

（3）排列调车进路。

调车作业进路按进路范围分为短调车和长调车；从起始调车信号机开始，到最近的阻拦调车信号机结束，这样的调车作业进路称为短调车；长调车包含两个及以上短调车，即从起始调车信号机开始，最少越过一架阻拦调车信号机。短调车、长调车作业进路，排列时先按起始调车信号机对应的按钮，再按终端调车作业按钮即可，长调车不需要分段办理。调车作业按进路划分为长调车、短调车，在办理调车作业过程中，要明确调车作业的用途，按照调车作业的用途，依次按压调车进路始端、终端按钮即可，不用考虑是长调车还是短调车。

（4）排列引导进路。

以引导进路锁闭方式开放引导信号时，先将进路上的道岔操纵至所需位置，如轨道电路故障还要把发生故障区段的道岔单锁按钮按下，再破封按下对应进站信号机的引导按钮进路白光带点亮，进站信号复示器点亮一个白色灯光和一个红色灯光，当进站内方第一个轨道区段出现红光带时，必须一直按压引导按钮，引导信号才能保持开放，引导进路中除红光带区段外，其余的区段点亮白光带，列车进入轨道区段按顺序点亮红光带，列车出清后，从第一区段开始逐区段点亮白光带。引导进路应采用人工解锁，即按压总人工解锁按钮和该条进路始端的列车按钮。

（5）引导总闭锁接车。

接车进路中的某组道岔失去表示或向不是接车进路的编组线上接车时，采用引导总锁闭方式开放引导信号。先将道岔操纵至所需位置，然后按压对应引导总锁闭按钮，总锁闭按钮表示灯亮白灯（按钮按下时，本咽喉道岔均被锁闭，不能扳动），再按下对应信号机的引导按钮，进站信号复示器亮一个红色和一个白色灯光，整个接车进路无白光带，列车进入进站内方，逐区段亮红光带，再按顺序熄灭。列车进入股道后再按一下引导锁闭按钮，总锁闭表示灯熄灭，该咽喉内的道岔全部解锁。

（6）取消进路。

按压总取消按钮和进路的始端按钮，信号关闭后，白光带熄灭，进路一次性解锁。

（7）取消错误操作。

误碰按钮后，只需按压总取消按钮或总人工解锁按钮即可取消错误操作。

（8）人工延时解锁进路。

人工解锁已办理的进路时，同时按压该咽喉区的总人工解锁按钮和进路始端按钮，信号关闭后，根据接近区段占用情况实行延时解锁，接车进路和正线发车进路延时 3 min，侧线发车进路及调车进路延时 30 s。

（9）故障解锁。

办理轨道区段故障解锁时，同时按压总人工解锁按钮和区段人工解锁盘上需要解锁的区段按钮，该区段即可解锁。

（10）重复开放信号。

已开放的信号因故关闭，在进路锁闭的情况下，按压该进路的始端按钮，信号便可重复开放。

（11）操纵道岔。

单独操纵道岔时，同时按压道岔总定位或总反位按钮和道岔单独操纵按钮，道岔只要没有锁闭就可以转换到所需位置。

（12）道岔单独锁闭。

按下道岔单独锁闭按钮，按钮表示灯亮红灯，该道岔锁闭，再按一下道岔单独锁闭按钮，按钮表示灯熄灭，该道岔解锁。

（13）进路式操纵道岔。

按排列进路的方法，按压道岔两端的始端按钮和终端按钮该进路上的道岔相继转换到所需位置。

（14）接通光带检查道岔位置。

当值班员或信号员需同时查看几组道岔位置时，按下接通光带按钮，根据道岔位置，该咽喉区所有道岔区段白光带点亮即可确认整个咽喉区道岔开通位置。

（15）主副电源电铃切断按钮。

当主电源绿灯转换为副电源白灯时，电源切换电铃响铃，按下切断电铃按钮，电铃停响；当再由副电源白灯转换为主电源绿灯时，电铃再次响铃，再次按下电铃切换按钮，电铃停止响铃。

（16）挤岔电铃切断按钮。

灯丝断丝和挤岔报警合用一个按钮。当道岔定反位失去表示，经 13 s 后挤岔电铃响，挤岔红灯亮，按下该按钮，电铃停响；当道岔表示恢复后，电铃再次响铃，再按一下该按钮，电铃停响；当信号机灯泡主丝断丝时，断丝报警电铃响，报警红灯亮。按下该按钮，电铃停响。更换信号灯泡后，电铃再次响铃，再按一下该按钮，电铃停响。

（17）熔丝断丝切断按钮。

当设备保险熔断后，熔丝报警电铃响铃，熔丝断丝表示灯亮红灯，按下该按钮，电铃停响；更换保险后，熔丝断丝表示灯熄灭，电铃再次响铃，再按一下该按钮后，电铃停响。

（18）区间故障报警切断按钮。

当区间信号机发生故障时，区间报警红灯点亮，报警电铃响铃，按下该按钮，电铃停响；当区间故障恢复后，电铃再次响铃，再按一下该按钮，电铃停响。

（19）非进路调车按钮。

当办理非进路调车作业时，按下非进路调车按钮，非进路调车表示灯闪白灯，22/24道岔转换到定位后，D14、26 信号开放，非进路调车表示灯亮白灯，进路不亮白光带，当列车占用轨道区段时点亮红光带。取消非进路调车时，再按一下非进路调车按钮，D14、D26 调车信号机关闭，非进路按钮表示灯闪白灯，待 30 s 后，表示灯熄灭，22/24道岔解锁。

（20）办理事故按钮。

当电源停电恢复，使半自动接车表示灯或发车表示灯变红，轨道电路故障或其他原因，使半自动闭塞设备不能正常恢复，控制台按下办理事故按钮。

（21）自动通过。

通过进路排好后，按下自动通过按钮，自动通过表示灯绿灯点亮。列车通过后，发车进路会自动出来。自动通过表示灯绿灯点亮时，正线上的道岔处于锁闭状态。自动通过使用完后应及时恢复，以免影响其他操作。

### 4．6502 控制台如何取消调车信号、通过进路、发车进路、通过进路

（1）6502 电气集中控制台，取消调车信号应如何办理?

① 必须取消调车信号时，应先通知调车指挥人和司机；

② 确认调车作业停止后，方可取消；

③ 取消时应按由远及近的顺序办理；

④ 对接近区段已占用的调车信号，必须用人工解锁的办法取消。

（2）6502 电气集中控制台，在不同时机，取消通过进路时应如何办理?

① 进站信号开放后，原则上不准取消；

② 必须取消通过进路时应分段办理，先取消接车进路，后取消发车进路；

③ 因特殊原因必须取消时，只准在列车未接近时办理；

取消接车或发车进路方法是：同时按压总取消按钮和进路始端按钮，即可取消；

④ 如列车接近后，又遇危及行车或人身安全的紧急情况而必须取消通过进路时，应使用人工解锁办法取消（人工解锁办法：同时按压总人工解锁按钮和进路始端按钮）；

⑤ 如通过列车已压上进站信号，遇危及行车或人身安全的紧急情况非取消出站信号不可时，也应使用人工解锁办法取消；

⑥ 如列车已接近或已压上进站信号，需取消进路时，必须立即用无线电话向司机紧急通报；

⑦ 取消通过进路时，同时还应通知接发车人员。

（3）6502 电气集中控制台，取消发车进路时应如何办理?

① 取消发车进路时，应先通知发车人员；

② 如发车人员已给了发车指示，而列车尚未起动，还应通知司机；

③ 取消办法采用人工解锁（人工解锁办法：同时按压总人工解锁按钮和进路始端按钮）；

④ 通过列车已压上进站信号,遇危及行车或人身安全的紧急情况非取消出站信号不可时，应使用人工解锁办法取消，并立即用无线电话向司机紧急通报；

⑤ 必须取消通过进路时应分段办理，先取消接车进路，后取消发车进路。

（4）在不同时机，取消接车进路时应如何办理?

① 进站信号开放后，原则上不准取消；

② 因改变接车顺序等原因必须取消时，只准在列车未接近时办理；同时按压总取消按钮和进路始端按钮，即可取消接车进路；

③ 如列车接近后，又遇危及行车或人身安全的紧急情况而必须取消接车进路时，应使用人工解锁办法取消（人工解锁办法：同时按压总人工解锁按钮和进路始端按钮），并同时用无线电话向司机紧急通报。

（5）6502 电气集中控制台哪些按钮带铅封?使用时应遵守哪些规定?

控制台上，下列按钮带铅封：总人工解锁按钮、引导按钮、引导总锁闭按钮、故障按钮、半自动闭塞的事故按钮。

① 这些按钮都是在特殊情况下方准使用的按钮，平时均应加铅封；

② 使用前，应根据不同按钮使用特点和要求，针对不同情况，认真确认进路、区间空闲或开通，确认设备状态等，确保使用该带铅封按钮后不会危及行车安全；

③ 使用前，必须将使用原因、时间等内容在《行车设备检查登记簿》上进行登记；

④ 使用完后，要及时通知信号人员补封。

## 六、实验报告要求

（1）认真完成实验报告，报告要用实验报告纸，书写工整，按时上交。

（2）对思考题应能依据实验过程做出相应的回答。

## 七、实验注意事项

（1）未经允许不能携带存储盘进入实验室。

（2）严格按照实验步骤操作计算机，不准进入计算机其他系统。

（3）不准修改、删除计算机内所有文件。

（4）爱护实验室设备。

## 八、思考题

（1）进路的种类是怎样划分的？

（2）6502 操作台的各种按钮的功能和作用是什么？

（3）画出本操纵台电气集中控制台台面布置图，标明道岔、股道、各种信号机位置、编号以及控制台按钮的位置、名称。

（4）怎样排列接车进路、发车进路、调车进路？

（5）道岔单独操纵是怎样完成的？

# 实验八　微机联锁设备原理及操作实验

## 一、实验目的

（1）了解微机联锁设备的组成及其工作原理。

（2）熟练掌握微机联锁设备的操作方法。

（3）熟悉进路解锁过程及取消进路的操作方法。

## 二、实验原理

在技术上微机联锁系统与电气联锁系统相比，其主要区别在于以微型计算机或微处理器取代了继电电路而构成了计算机的联锁机构；而它与外部设备的连接也随之有所改变，但它的室外设备与 6502 的室外设备相同。微机联锁系统的主要组成部分及相互联系在结构上是和电气集中联锁系统相似的。

计算机联锁与继电联锁相比的优越性主要有以下几个方面：

（1）体积小、可靠性高，可实现无维修，为铁路信号技术结构的改革创造了条件。

（2）计算机联锁系统功能更加完善。我国广泛应用的 6502 电气集中联锁系统受站场形电路层次、结构、继电群数量，以及网络线的多少等限制。而微机联锁系统通过少量硬件和软件开发即可解决上述限制。

（3）计算机联锁系统的信息量大，利用当前的各种网络手段，可与行车调度指挥系统、列车控制系统联网，提供及交换各种信息并协调工作。

（4）计算机联锁系统易于实现系统自身化管理，利用自诊断、自检测功能及远距离联网，实现远距离诊断。

（5）随着大规模集成电路的发展，计算机联锁系统的性能价格比与继电联锁相比将更占优势。

列车运行仿真系统由 1 套沙盘、1 套机车控制系统、3 台联锁数据运算控制机和 6 个微机联锁终端组成。沙盘由 6 个站场构成一个闭环式接发列车演练环境，其中 2 个站场的区间采用单向三显示自动闭塞，另外 4 个站场的区间采用单向四显示自动闭塞，站场由微机联锁终端通过联锁数据运算控制机进行控制。沙盘采用铜轨制作，沙盘上道岔、信号机、轨道电路与现场一致，如图 8-1 所示。道岔的操纵、信号机的开关均由微机直接操作。用遥控机车模仿列车的运行，轨道电路既具备逐段三点自动解锁也具备一次解锁。沙盘上配有站台、站舍、桥梁、隧道、涵洞，各种线路、信号标志齐全。机车控制系统可根据站场上列车和调车信号的开放和关闭来控制机车的运行和停止，同时提供模拟遥控器的功能在电脑上对机车进行单独控制。包括“机车集中遥控系统（硬件）”和“行车指挥员操作系统软件（软件）”的联锁数据运算控制机模拟实现现场的联锁机功能，接收微机联锁终端的控制命令来控制信号机的显示和道岔的转换，并实时将沙盘上轨道电路采集到微机联锁终端。微机联锁终端上运行微机联锁教学仿真系统，用来完成站场的微机联锁功能的仿真控制，并通过联锁数据运算控制机与沙盘上的信号、道岔和轨道电路进行双向控制；整个系统通过局域网与分散自律调度集中演练系统连接，分散自律调度集中演练系统制定行车调度计划并下发到微机联锁沙盘演练系统，进行站场接发列车控制，站场设备信息和机车运行状态通过微机联锁仿真系统上传到调度中心，供 CTC 集中控制。

图 8-1　铁路沙盘

## 三、实验仪器、设备

模拟微机联锁设备。

## 四、实验内容

微机联锁沙盘演练系统具备办理列车进路、调车进路、引导进路、坡道延续进路（可选）、推送进路（可选）、引导总锁、单操道岔、单锁道岔、封闭道岔、取消进路、人工解锁进路、区段故障解锁、中岔解锁、中途返回解锁、站场间接发车作业等微机联锁的各种功能以及各种常见故障的仿真。

微机联锁教学仿真系统既可进入分散自律控制模式又可进入非常站控模式。系统通过机车控制系统对沙盘上的机车进行自动控制，机车可以自动根据信号来行车、加速、减速及停车。微机联锁仿真系统具有与现场计算机联锁的站场显示图形完全一致的站场图形显示。通过微机联锁仿真系统进行在正常及非正常情况下的选路、接/发列车、调车作业及各种故障情况下的应急处理等操作练习，并通过沙盘实时反应，达到提高学生的熟练操作水平和应急处理能力的目的。可对微机联锁仿真系统进行各种故障设置等，实现学生在正常情况及非正常情况下接、发列车及调车作业。

## 五、实验步骤

1．了解微机联锁系统的软硬件组成

微机联锁系统硬件组成：控制与表示设备、实现各种功能的微型计算机、电源以及监控对象——信号机、动力转辙机和轨道电路等。和电气联锁相比较，微机联锁系统的特点主要是以微型计算机及特殊的接口电路代替继电电路。微机联锁系统软件组成是与系统的硬件结构和功能分不开的。就硬件结构而论，如果采用总线方式的多微机结构，就需要相应的总线管理软件；如果采用双机热备的切换方式，就需要相应的故障检测及切换软件。

2．熟悉微机联锁系统界面

微机联锁系统界面如图 8-2 所示。

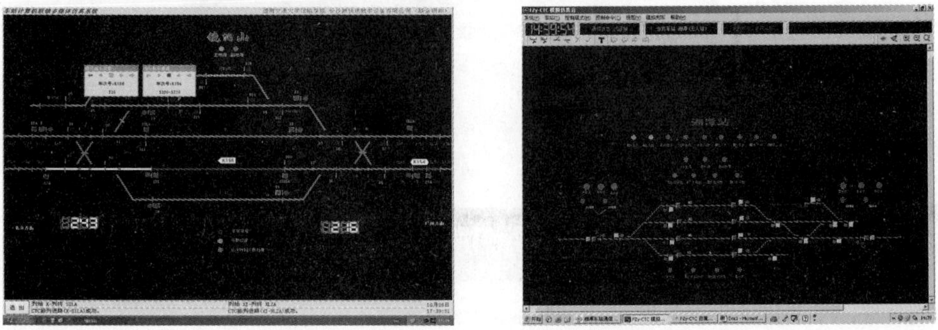

图 8-2　微机联锁界面

3．微机联锁系统的基本操作

1）FZY-CTC 微机联锁仿真系统

（1）菜单功能简介。

主菜单（见图 8-3）共有七项：系统、车站、控制模式、控制命令、视图、模拟列车及帮助。其中“控制模式”与“控制命令”菜单如图 8-4 所示。

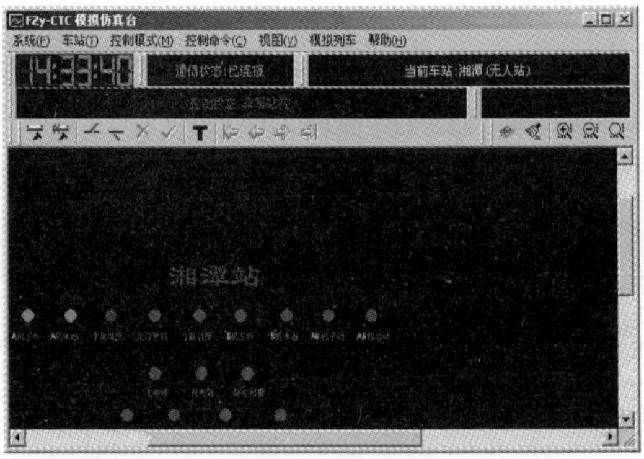


图 8-3　主菜单

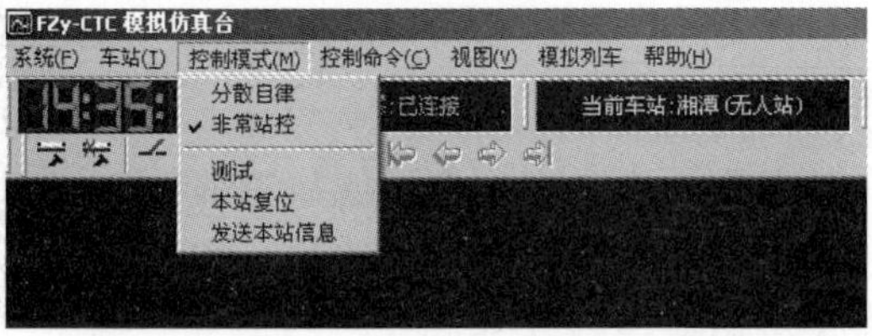


图 8-4 模式控制

“控制模式”中可以选定车站的控制模式:分散自律或非常站控(实验三中有说明)。

“控制命令”(见图 8-5)集中了联锁台的所有命令。

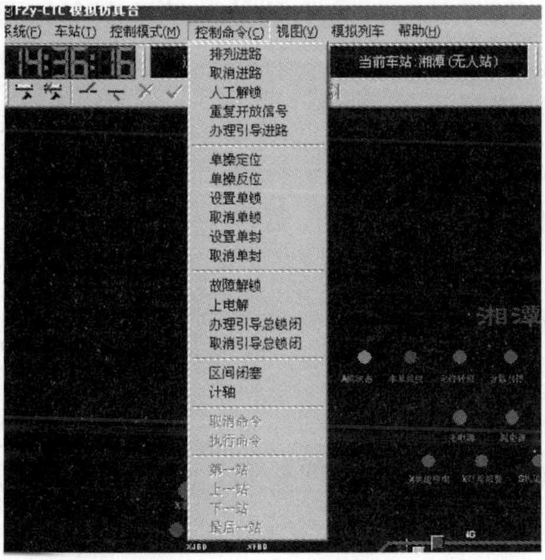


图 8-5 控制命令

(2)列车进路常用操作如下。

① 排列列车进路。排列列车进路时,鼠标左键点工具栏上的按钮,然后顺序用左键点进路的始终端按钮,最后按工具栏上的执行按钮“√”。

② 取消列车进路。取消列车进路时,鼠标左键点工具栏上的按钮,然后用左键点进路的始端按钮,最后按工具栏上的执行按钮“√”。

③ 单操道岔到反位。单操道岔到反位时,鼠标左键点工具栏上的按钮,然后用左键点要操作的道岔,最后按工具栏上的执行按钮“√”。

④ 单操道岔到定位。单操道岔到定位时,鼠标左键点工具栏上的按钮,然后用左键点要操作的道岔,最后按工具栏上的执行按钮“√”。

(3)调车。

与办理列车方法相似。

2)TYJL-TR9 型车站计算机联锁系统

(1)屏幕显示,

屏幕显示按站场图形布置,平时显示的灰色光带为基本的轨道图形,区段之间的绝缘节为灰色竖线。屏幕图形显示的各种颜色的含义如下:

① 区段显示。

灰色光带——区段为空闲解锁状态；

白色光带——区段为空闲锁闭状态，但不能故障解锁；

绿色光带——区段为空闲锁闭状态，但可故障解锁；

红色光带——区段为占用或故障状态；

青色光带——区段为“接通光带”状态；

蓝色光带——区段为正在选路还未锁闭状态。

② 信号显示。

信号显示颜色同室外信号（或沙盘上信号）显示完全相同。

信号红色闪烁——信号灯丝断丝。

信号名称显示：

黄色稳定显示——信号在显示“信号名称”状态或是进路始端。

信号名称所在的红色倒计时数字——信号为始端的进路人工解锁正在延时的所剩余时间（s）。

信号名称位置的灰色倒计时数字——表示中岔解锁延时的剩余时间（秒）。

围住信号的方框显示：

白色闪烁显示——信号的调车按钮刚按下；

白色稳定显示——信号为调车进路的始端，进路未接近锁闭；

绿色稳定显示——信号为列车进路始端，进路未接近锁闭；

红色稳定显示——信号为始端的进路已经接近锁闭。

列车信号旁边的绿色方框显示：

绿色闪烁显示——刚按下的列车信号按钮或引导按钮。

③ 道岔显示。

道岔位置为道岔岔根无缺口侧，其岔根部的小圆点显示为：

绿色稳定显示——道岔在定位位置；

黄色稳定显示——道岔在反位位置；

绿色闪烁显示——道岔正在定操；

黄色闪烁显示——道岔正在反操。

道岔名称显示为：

黑底黄字显示——道岔在显示“道岔名称”；

红底白字显示——道岔在封闭状态；

白底红字显示——道岔在单锁状态。

④ 操作提示显示。

在屏幕下方分咽喉显示，上面一栏为排进路操作提示，下面一栏为其他操作提示。

⑤ 时间显示。

在屏幕右下方显示当前日期及时间。

（2）操作规程。

站场上有各式各样的按钮，当鼠标移动到有按钮的位置时，鼠标形状会从箭头变成小手，此时单击鼠标的左右键会有不同的命令。

① 一般操作。

鼠标移动到站名文字上，单击鼠标的右键弹出一个菜单（见图 8-6），在弹出的菜单中可做如下选择。

图 8-6　主菜单

关闭/显示信号名称：关闭或显示全站信号名称的显示。

关闭/显示道岔名称：关闭或显示全站道岔名称的显示。

关闭/显示道岔位置：关闭或显示道岔位置的小圆点的显示。

关闭/显示接通光带：关闭或显示道岔光带的显示。

关闭/显示无岔名称：关闭或显示无岔区段名称的显示。

关闭/显示辅助按钮：关闭或显示全站辅助按钮的显示。

上电解锁：系统运行时，整个站场全部锁闭，下发此命令解锁。

② 信号操作。

列车按钮为信号机旁边的绿色方框，调车按钮为信号机本身，通过按钮为带接车信号名与“TA”组合文字的绿色方框，引导按钮为对应进站信号的列车按钮或通过按钮，灰色的圆按钮为只可作调车终端按钮，不带信号机的绿色方框为只可作列车终端按钮。

误碰按钮后，可通过在按钮上按鼠标右键，选择总取消或总人解来取消错误操作。

加封：为了防止误碰按钮，或误取消某列车进路，对所有的列车信号均可设置封锁标记，当对信号加封后，必须解封才能对其进行按钮或取消人解操作。

解封：对列车信号加封后，信号的弹出菜单将变为“解封”，选中此菜单命令将取消对此信号的封锁标记。

③ 进路办理。

排列列车进路：用鼠标左键顺序单击列车进路的始端列车按钮，变更按钮（需排列变更进路时），终端列车按钮。进路中所有的调车按钮都可作列车进路的变更按钮，反向列车按钮作列车进路的终端按钮。

排列列车通过进路：按压进路始端通过按钮和进路终端按钮，进路排通后，接车进路和发车进路的白光带同时点亮，进出站信号开放。

排列调车进路：用鼠标左键顺序单击调车进路的始端调车按钮，变更按钮（需排列调车变更进路时），终端按钮。进路中所有同方向非单置信号和反方向单置信号都可作调车进路的变更按钮，反方向非单置信号和同方向单置信号可作调车进路的终端按钮。排列长调车进路时，顺序按压进路始端和终端的调车按钮，进路排通后，同一方向的调车信号机白灯由远到近顺序开放。

重复开放信号：根据进路的性质用鼠标左键单击进路始端列车按钮或调车进路的始端调车信号按钮。

排列引导进路：当接车进路的区段轨道电路故障，不能排列列车进路，需引导接车时，先将进路中所有道岔单操到要求位置，然后用鼠标右键单击接车信号相应引导按钮，选择开放引导信号项，引导进路即可锁闭，引导信号开放。若引导进路第一区段股道电路故障，需每 10 s 点击一下进站按钮，否则引导信号将关闭。当引导进路使用完毕，人工确认车列完全进入股道后，在接车信号的列车按钮位置办理总人解，即可人工解锁引导进路。

引导总闭锁接车：当接车进路中的道岔失表示，不能排列接车进路与引导进路进，办理引导总锁。将鼠标移动至相应咽喉的进站信号机列车按钮处，按压鼠标右键在弹出的菜单中选择“办理引导总锁闭”命令，并输入相应密码，本咽喉中所有道岔将被锁闭，再办理引导进路。当引导总锁使用完毕人工确认车列完全进入股道后，再次弹出此项菜单，原来位置会变为“取消引导总锁闭”，选择此命令，并输入相应密码，即可取消引导总锁闭状态。

总取消：当进路未接近锁闭时要取消进路，将鼠标移动至列车进路的始端按钮或调车进路始端调车信号按钮处，再点按鼠标右键，在弹出菜单中选择“总取消”命令。

总人解：进路已经接近锁闭时要取消进路，将鼠标移动至列车进路始端按钮或调车进路始端调车信号按钮处，再点按鼠标右键，在弹出菜单中选择“总人解”命令，总人解命令执行，当信号关闭后，根据进路性质延时解锁。接车进路及正线发车进路时间为 3 min，其他进路延时时间为 30 s。

终端总人解：当进路上轨道电路故障导致列车走过后，从故障区段到进路终端的进路不能正常解锁时，将鼠标移动至进路的终端信号与进路性质相应的列车或调车按钮位置，点压鼠标右键，在弹出的菜单中选择“总人解”命令，经过密码确认后进入终端总人解状态，终端人解要延时 30 s。

④ 道岔操作。

道岔按钮位于道岔岔心的小圆点位置。

将鼠标移动至道岔位置，当鼠标箭头变为手掌形时，单击鼠标右键，弹出相应的菜单，如图 8-7 所示。

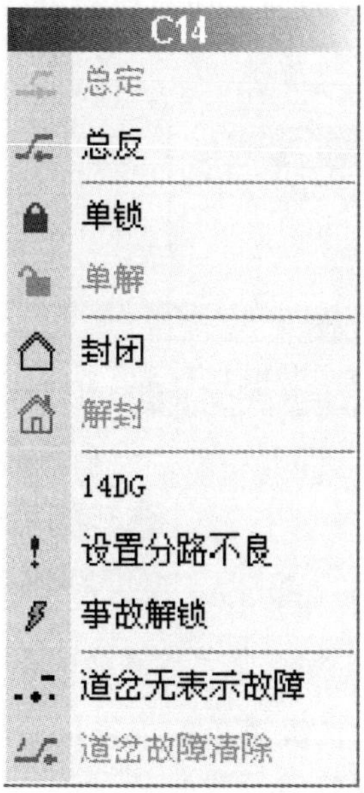


图 8-7　道岔菜单

总定：单操道岔至定位。

总反：单操道岔至反位。

单锁：单独锁闭道岔，道岔锁在当前位置，不能单操与进路操，但可排列道岔所在位置的进路。

单解：解除对道岔的单独锁闭。

封闭：封闭道岔，不能排列通过本道岔的进路，但可单操。

解封：解除对道岔的封闭。

事故解锁：选择事故解锁后，弹出一个密码确认窗口，用鼠标左键点击相应按钮输入密码，然后按压确认按钮，系统自动判断密码是否正确，如密码正确，事故解锁命令执行。当进路完好信号开放时，事故解锁只能关闭信号，区段不解锁。为防止迎面解锁，当道岔区段显示为绿色锁闭光带时，事故解锁方式有效。

注：当多个道岔在同一轨道区段时，对在此轨道区段的任一道岔弹出的菜单中选择“事故解锁”都是对该区段的事故解锁。

⑤ 无岔区段的故障解。

当进路的始终端均不存在时，将鼠标移动至无岔区段上，按压鼠标的右键会弹出相应的操作菜单，选择事故解锁，正确输入密码后，命令生效。

注：对不设区段组合的无岔区段，亦不设事故解锁按钮。

（3）故障设置。

① 信号机故障。

设置或清除信号机故障时，用鼠标右键单击相应的信号机，在弹出菜单中选择“灯丝故障”，如图 8-8 所示。在弹出的二级弹出菜单中选择要设置或清除故障的信号机。信号机无故障时，相应菜单项显示为“×灯断丝”，若已设置故障，则该菜单项变为“×灯修复”。

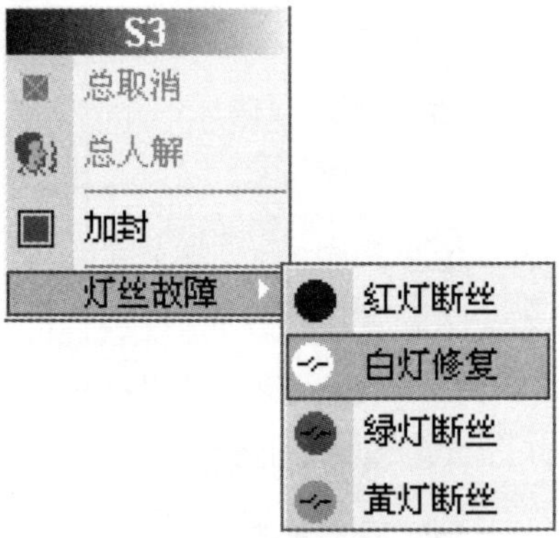


图 8-8　信号故障设置菜单

选择“灯丝故障”时弹出的二级菜单的内容依信号机不同而不同。

注：系统中每个信号机都可单独设置故障。

② 道岔故障。

设置道岔故障时，用鼠标右键单击相应的道岔，在弹出的菜单中选择“道岔无表示故障”，此时屏幕上相应道岔变成红色闪烁，若道岔所在区段已排进路，则该区段光带变成灰色。

清除道岔故障时，操作同上，此时在弹出的菜单中“道岔无表示故障”菜单项变成灰色不可选，表明该道岔已有故障，选择“道岔故障清除”菜单项，屏幕上相应道岔停止闪烁，变成绿色（定位）或黄色（反位），若道岔所在区段已排进路，则该区段恢复光带。

③ 区段故障。

区段故障包括“设置分路不良”和“轨道故障”两类。设置该故障时，用鼠标右键单击相应的区段，在系统弹出的菜单中，如图 8-9 所示，选择“设置分路不良”和“轨道故障”即可。

选择确认“设置分路不良”后，相应区段变细，此时该菜单项也变成“清除分路不良”。

清除分路不良故障时，操作同上，选择“清除分路不良”即可，此时区段恢复正常宽度。

选择确认“轨道故障”后，相应区段变成红色，此时该菜单项变灰，“故障修复”菜单项变亮可用。

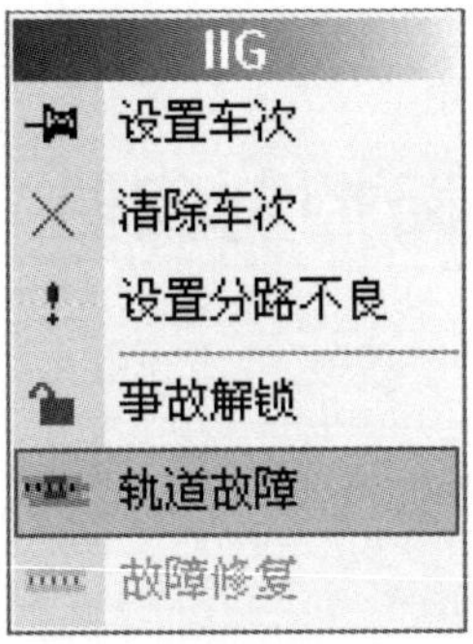


图 8-9　故障设置菜单

修复轨道故障时，操作同上，选择“故障修复”，此时区段的颜色从红色变成绿色，可通过事故解锁来将区段变成空闲状态。

## 六、实验报告要求

（1）认真完成实验报告，报告要用实验报告纸，书写工整，按时上交。

（2）对思考题应能依据实验过程做出相应的回答。

## 七、实验注意事项

（1）未经允许不能携带存储盘进入实验室。

（2）严格按照实验步骤操作计算机，不准进入计算机其他系统。

（3）不准修改、删除计算机内所有文件。

（4）爱护实验室设备。

## 八、思考题

（1）简述微机联锁系统的软硬件组成部分。

（2）微机联锁系统如何办理接发列车进路？

# 实验九 列车进路控制实验

## 一、实验目的

（1）了解双线自动闭塞集中联锁模式接车、发车、通过作业标准。

（2）了解双线自动闭塞分散自律模式接车、发车、通过作业标准。

## 二、实验原理

自动闭塞是由运行中的列车自动完成闭塞作用的一种设备。将两个相邻车站之间的区间正线划分成若干个小段——闭塞分区，每个分区的起点设置一架通过色灯信号机进行防护。由于闭塞分区内装有轨道电路，这些信号机的显示是随着列车的运行自动控制的，不需要人工操纵，所以叫自动闭塞。

车站配置站场操作终端（简称车务终端），用于车站行车作业人员操纵信号设备、编制调车作业计划、监视列车进路排列、签收调度命令、接收列车运行调整计划、填写行车凭证、发送列控限速调度命令等作业。

熟悉车务终端操作后，了解双线自动闭塞不同的控制模式下接发列车作业过程，完成列车接发的各项作业。

## 三、实验仪器、设备

模拟微机联锁设备。

## 四、实验步骤

1．双线自动闭塞集中联锁控制模式下接车（通过）作业

| 作业程序 | | 岗位作业技术要求 | | | 事项要求 |
|---|---|---|---|---|---|
| 程序 | 项目 | 车站值班员 | 信号员（长） | 助理值班员 | |
| 一、接受预告 | 1. 接受发车预告 | （1）听取发车站预告，按列车运行计划核对车次、时刻、命令、指示（必要时与列车调度员联系），同意发车站预告：“同意×（次）预告” | — | — | 同意列车预告后，按企业规定通知有关人员 |

续表

| 作业程序 | | 岗位作业技术要求 | | | 事项要求 |
|---|---|---|---|---|---|
| 程序 | 项目 | 车站值班员 | 信号员（长） | 助理值班员 | |
| 一、接受预告 | 1. 接受发车预告 | （2）填记或确认电子行车日志 | — | — | 不能使用电子行车日志时，填写纸质行车日志 |
| | 2. 准备接车 | （3）确认接车线 | — | — | — |
| | | （4）通知信号员："×（次）预告"，并听取复诵 | （1）复诵："×（次）预告" | — | — |
| 二、开放信号 | 3. 确认接车线 | （5）复诵发车站开车通知："×（次）、×（点）×（分）开[通过]" | — | — | — |
| | | （6）填记或确认电子行车日志中的发车站发车时间和本站接车线 | — | — | 不能使用电子行车日志时，填写纸质行车日志 |
| | | （7）通知信号员、助理值班员："×（次）开过来（了）、×道停车[通过][到开]"，并听取复诵 | （2）复诵："×（次）开过来（了）、×道停车[通过][到开]"，并填写占线板（簿） | （1）复诵："×（次）开过来（了）、×道停车[通过][到开]"，并填写占线板（簿） | 助理值班员在室外作业期间接到通知，返回后，除按规定应擦（划）掉的外，应补填占线板（簿）。必要时与车站值班员联系 |
| | | （8）按企业规定通知有关人员 | — | — | — |
| | | （9）确认接车线路空闲 | — | — | — |
| | | （10）通知信号员停止影响进路的调车作业并听取报告 | （3）停止影响进路的调车作业，确认停止后报告 | — | 停止调车作业时机和通知、应答、报告用语，由企业规定。无影响进路的调车作业时，此项作业省略 |
| | 4. 开放信号 | （11）确认列车运行计划后，通知信号员："×（次）、×道停车[通过]，开放信号"。听取复诵无误后，命令："执行" | （4）复诵："×（次）、×道停车[通过]，开放信号"。 | — | 列车通过时，应办理有关发车作业程序<br>车站值班员认为需指定延续进路或办理变通进路时，一并通知 |

续表

<table>
<tr><th colspan="2">作业程序</th><th colspan="3">岗位作业技术要求</th><th rowspan="2">事项要求</th></tr>
<tr><th>程序</th><th>项目</th><th>车站值班员</th><th>信号员（长）</th><th>助理值班员</th></tr>
<tr><td>二、开放信号</td><td>4. 开放信号</td><td>（12）确认信号正确，应答：“×道进站信号好（了）”[通过时，应答“×道进、出站信号好（了）”]</td><td>（5）开放进站信号机，口呼：“进站”，点击（按下）始端按钮；需办理变通进路时，口呼：“变通××”，点击（按下）相应变通按钮；口呼：“×道”（正线通过时，口呼：“出站”），点击（按下）终端按钮；设有延续进路时，口呼：“延续××”，点击（按下）相应延续进路按钮。确认光带、信号显示正确，口呼：“信号好（了）”</td><td>—</td><td>“变通××”中的“××”为按钮名称<br>“延续××”中的“××”为延续的按钮或线路名称</td></tr>
<tr><td rowspan="4">三、接车</td><td rowspan="3">5. 列车接近</td><td>—</td><td>（6）通过信号操作终端监视信号及进路表示</td><td>—</td><td>—</td></tr>
<tr><td>（13）再次确认信号正确，应答：“×（次）接近”</td><td>（7）第二（三）接近语音提示（接近铃响）、光带变红，再次确认信号开放正确，口呼：“×（次）接近”</td><td>—</td><td>—</td></tr>
<tr><td>（14）通知助理值班员：“×（次）接近，×道接车”，并听取复诵</td><td>—</td><td>（2）复诵：“×（次）接近，×道接车”</td><td>特快旅客列车、特快货物班列的通知接车时机，由企业规定</td></tr>
<tr><td>6. 接送列车</td><td>—</td><td>—</td><td>（3）到企业规定地点接车</td><td>—</td></tr>
<tr><td>四、列车到达（通过）</td><td>7. 列车到达（通过）</td><td>—</td><td>（8）通过信号操作终端监视进路、信号及列车进（出）站</td><td>（4）监视列车进站，于列车停妥后返回。通过列车，于列车尾部越过接车地点，确认列车尾部标志后返回</td><td>—</td></tr>
</table>

续表

<table>
<tr><th colspan="2">作业程序</th><th colspan="3">岗位作业技术要求</th><th rowspan="2">事项要求</th></tr>
<tr><th>程序</th><th>项目</th><th>车站值班员</th><th>信号员（长）</th><th>助理值班员</th></tr>
<tr><td rowspan="4">四、列车到达（通过）</td><td rowspan="3">7. 列车到达（通过）</td><td>（15）应答：“好（了）”</td><td>（9）通过信号操作终端确认列车整列进入（通过）接车线，口呼：“×（次）达到[通过]”</td><td>—</td><td>—</td></tr>
<tr><td>（16）对通过列车通知接车站：“×（次）、（×点）×（分）通过”，并听取复诵</td><td>—</td><td>—</td><td>—</td></tr>
<tr><td>（17）填记或确认电子行车日志</td><td>（10）对通过列车擦（划）掉占线板（簿）记载</td><td>（5）对通过列车擦（划）掉占线板（簿）记载</td><td>不能使用电子行车日志时，填写纸质行车日志</td></tr>
<tr><td>8. 报点</td><td>（18）计算机报点系统自动向列车调度员报点</td><td>—</td><td>—</td><td>不能自动报点时，向列车调度员报点：“×（站）报点，×（次）、（×点）×（分）到[通过]”</td></tr>
</table>

2. 双线自动闭塞集中联锁控制模式下发车作业

<table>
<tr><th colspan="2">作业程序</th><th colspan="3">岗位作业技术要求</th><th rowspan="2">事项要求</th></tr>
<tr><th>程序</th><th>项目</th><th>车站值班员</th><th>信号员（长）</th><th>助理值班员</th></tr>
<tr><td rowspan="2">一、发车预告</td><td rowspan="2">1. 发车预告</td><td>（1）根据列车运行计划，向接车站发出：“×（次）预告”，并听取同意的通知</td><td>—</td><td>—</td><td>—</td></tr>
<tr><td>（2）填记或确认电子行车日志</td><td>—</td><td>—</td><td>不能使用电子行车日志时，填写纸质行车日志</td></tr>
<tr><td>二、开放信号</td><td>2. 开放信号</td><td>（3）通知信号员停止影响进路的调车作业并听取报告</td><td>（1）停止影响进路的调车作业。确认停止后报告</td><td>—</td><td>停止调车作业时机和通知、应答、报告用语，于企业规定。无影响进路的调车作业时，此项作业省略。</td></tr>
</table>

续表

| 作业程序 | | 岗位作业技术要求 | | | 事项要求 |
|---|---|---|---|---|---|
| 程序 | 项目 | 车站值班员 | 信号员（长） | 助理值班员 | |
| 二、开放信号 | 2. 开放信号 | （4）确认列车运行计划后，通知信号员：“×（次）、×道发车，开放信号”。听取复诵无误后，命令：“执行” | （2）复诵：“×（次）、×道发车，开放信号” | — | 车站值班员认为需办理变通进路时，一并通知 |
| | | （5）确认信号正确，应答：“×道出站信号好（了）” | （3）开放出站信号机，口呼：“×道”，点击（按下）始端按钮；需办理变通进路时，口呼：“变通××”，点击（按下）相应变通按钮；口呼：“出站”，点击（按下）终端按钮。确认光带、信号显示正确，口呼：“信号好（了）” | — | “变通××”中的“××”为按钮名称 |
| 三、发车 | 3. 准备发车 | （6）通知助理值班员：“发×道×（次）”，并听取复诵 | — | （1）复诵：“发×道×（次）” | 助理值班员在室外作业时，可提前告知发车计划<br>使用列车无线调度通信设备通知时，应在用语前增加姓名或代码<br>动车组列车无此项作业 |
| | 4. 确认发车条件 | — | （4）通过信号操作终端监视信号机进路表示 | — | — |
| | | — | — | （2）确认旅客上下、行包装卸和列检作业等完了（或得到通知） | 动车组列车无此项作业 |
| | 5. 发车 | — | — | （3）按规定站在适当地点，显示发车信号或使用列车无线调度通信设备（发车表示器）发车 | 由车站值班员使用列车无线调度通信设备发车时，应确认发车条件具备（或得到报告）<br>动车组列车无此项作业 |

续表

| 作业程序 | | 岗位作业技术要求 | | | 事项要求 |
|---|---|---|---|---|---|
| 程序 | 项目 | 车站值班员 | 信号员（长） | 助理值班员 | |
| 四、列车出发 | 6. 监视列车 | （7）列车起动后，及时通知接车站：“×（次）、（×点）×（分）开”，并听取复诵 | — | — | — |
| | | （8）填记或确认电子行车日志 | — | — | 不能使用电子行车日志时，填写纸质行车日志 |
| | | （9）应答：“好（了）” | （5）通过信号操作终端确认列车整列出站，口呼：“×（次）出站” | （4）监视列车，于列车尾部越过发车地点，确认列车尾部标志后返回 | — |
| | | — | （6）擦（划）掉占线板（簿）记载 | （5）擦（划）掉占线板（簿）记载 | — |
| | 7. 报点 | （10）计算机报点系统自动向列车调度员报点 | — | — | 不能自动报点时，向列车调度员报点：“×（站）报点，×（次）、（×点）×（分）开” |

3．双线自动闭塞分散自律控制模式下接车（含通过）作业

| 作业程序 | | 岗位作业技术要求 | | 事项要求 |
|---|---|---|---|---|
| 程序 | 项目 | 车站值班员 | 信号员 | |
| 一、接车准备 | 1. 接受发车预告 | （1）按列车运行计划核对车次、时刻、命令、指示（必要时与列车调度员联系），同意发车站预告：“同意×（次）预告” | — | 发车站不需人工办理预告时，按列车运行计划核对车次、时刻、命令、指示（必要时与列车调度员联系），确认列车接发顺序 |
| | | （2）填记或确认电子行车日志 | — | 不能使用电子行车日志时，填写纸质行车日志<br>发车站不需人工办理预告时，此项作业省略 |
| | | （3）通知信号员：“×（次）预告”，并听取复诵 | （1）复诵：“×（次）预告” | 发车站不需人工办理预告时，此项作业省略 |
| | 2. 确认接车线 | （4）确认接车线，核对进路序列中车次、方向、股道等信息正确 | — | 信息不符时，按有关规定办理 |
| | | （5）通知信号员停止影响进路的调车作业并听取报告 | （2）停止影响进路的调车作业。确认停止后报告 | 停止调车作业时机和通知、应答、报告用语，由企业规定。无影响进路的调车作业时，此项作业省略 |

续表

| 作业程序 | | 岗位作业技术要求 | | 事项要求 |
|---|---|---|---|---|
| 程序 | 项目 | 车站值班员 | 信号员 | |
| 二、开放信号 | 3. 开放信号 | （6）确认列车运行计划后，布置信号员准备进路，口呼："×（次）、×道停车[通过]，设置自触[人工触发进路时，触发进路；人工排列进路时，开放信号]"。听取信号员复诵无误后，命令："执行" | （3）复诵："×（次）、×道停车[通过]，设置自触[触发进路或开放信号]"。 | 人工触发进路或人工排列进路时，车站值班员应确认接车线空闲<br>车站值班员认为需指定延续进路或办理变通进路时，一并通知 |
| | | — | （4）核对进路序列中车次、方向、股道等信息正确 | 人工排列进路时，此项作业省略 |
| | | （7）确认自触设置好，口呼："正确"；听取信号员报告并确认信号开放正确，应答："×道进站信号好（了）"[通过时，应答："×道进、出站信号好（了）"]<br>人工触发进路或人工排列进路时，确认信号正确，应答："×道进站信号好（了）"[通过时，应答："×道进、出站信号好（了）"] | （5）设置自触时，选中进路序列中相应车次，设置自触，设置完毕后，口呼"自触设置好"。待信号开放后，确认光带、信号显示正确，口呼："×（次）信号好（了）"<br>人工触发进路时，选中进路序列中相应车次，确认弹出的提示框内容并口呼："×（次）、×道停车[通过]"，设置人工触发；确认光带、信号显示正确，口呼"信号好（了）"<br>人工排列进路时，口呼："进站"，点击始端按钮；需办理变通进路时，口呼："变通××"点击相应变通按钮；口呼："×道"（正线通过时，口呼："出站"），点击终端按钮；设有延续进路时，口呼："延续××"，点击相应延续进路按钮。确认光带、信号显示正确，口呼："信号好（了）" | "变通××"中的"××"为按钮名称<br>"延续××"中的"××"为延续的按钮或线路名称 |

续表

| 作业程序 | | 岗位作业技术要求 | | 事项要求 |
|---|---|---|---|---|
| 程序 | 项目 | 车站值班员 | 信号员 | |
| 三、列车到达（通过） | 4. 列车到达（通过） | — | （6）通过信号操作终端监视进路、信号机列车进（出）站 | — |
| | | （8）应答：“好（了）” | （7）通过信号操作终端确认列车整列进入（通过）接车线，口呼：“×次到达（通过）” | — |
| | | （9）填记或确认电子行车日志 | — | 不能使用电子行车日志时，填写纸质行车日志 |
| | | （10）对通过列车通知接车站：“×（次）、（×点）×（分）通过”，并听取复诵 | — | 接车站为分散自律控制模式时，此项作业省略 |
| | 5.报点 | （11）计算机报点系统自动向列车调度员报点 | — | 不能自动报点时，向列车调度员报点：“×（站）报点，×（次）、（×点）×（分）到（通过）” |

4．双线自动闭塞分散自律控制模式下发车作业

| 作业程序 | | 岗位作业技术要求 | | 事项要求 |
|---|---|---|---|---|
| 程序 | 项目 | 车站值班员 | 信号员 | |
| 一、发车准备 | 1. 发车预告 | （1）按列车运行计划，向接车站发出：“×（次）预告”，并听取同意的通知 | — | 不需人工办理预告时，按列车运行计划核对车次、时刻，确认列车接发顺序 |
| | | （2）填记或确认电子行车日志 | — | 不能使用电子行车日志时，填写纸质行车日志<br>发车站不需人工办理预告时，此项作业省略 |
| | | （3）核对进路序列中车次、方向、股道等信息正确 | — | 信息不符时，按有关规定办理 |
| 二、开放信号 | 2. 开放信号 | （4）通知信号员停止影响进路的调车作业并听取报告 | （1）停止影响进路的调车作业。确认停止后报告 | 停止调车作业时机和通知、应答、报告用语，由企业规定。无影响进路的调车作业时，此项作业省略 |

续表

| 作业程序 | | 岗位作业技术要求 | | 事项要求 |
|---|---|---|---|---|
| 程序 | 项目 | 车站值班员 | 信号员 | |
| 二、开放信号 | 2. 开放信号 | （5）确认列车运行计划后，布置信号员准备进路，口呼：“×（次）、×道发车，设置自触[人工触发进路时，触发进路；人工排列进路时，开放信号]”。听取信号员复诵无误后，命令：“执行” | （2）复诵：“×（次）、×道发车，设置自触[触发进路或开放信号]”。 | 车站值班员认为需要办理变通进路时，一并通知 |
| | | — | （3）核对进路序列中车次、方向、股道等信息正确 | 人工排列进路时，此项作业省略 |
| | | （6）确认自触设置好，口呼：“正确”；听取信号员报告并确认信号开放正确，应答：“×道出站信号好（了）”<br>人工触发进路或人工排列进路时，确认信号正确，应答：“×道出站信号好（了）” | （4）设置自触时，选中进路序列中相应车次，设置自触，设置完毕后，口呼“自触设置好”。待信号开放后，确认光带、信号显示正确，口呼：“×（次）信号好（了）”<br>人工触发进路时，选中进路序列中相应车次，确认弹出的提示框内容并口呼：“×（次）、×道发车”，设置人工触发；确认光带、信号显示正确，口呼“信号好（了）”<br>人工排列进路时，口呼：“×道”，点击始端按钮；需办理变通进路时，口呼：“变通××”点击相应变通按钮；口呼：“出站”，点击终端按钮。确认光带、信号显示正确，口呼：“信号好（了）” | “变通××”中的“××”为按钮名称 |
| 三、列车出发 | 3. 列车出发 | — | （5）通过信号操作终端监视进路、信号及列车出站 | — |
| | | （7）列车起动后，及时通知接车站：“×（次）、（×点）×（分）开”，并听取复诵 | — | 接车站为分散自律控制模式时，此项作业省略 |
| | | （8）填记或确认电子行车日志 | — | 不能使用电子行车日志时，填写纸质行车日志 |
| | 4. 报点 | （11）计算机报点系统自动向列车调度员报点 | — | 不能自动报点时，向列车调度员报点：“×（站）报点，×（次）、（×点）×（分）到[通过]” |

## 五、实验报告要求

认真完成实验报告，报告要用实验报告纸，书写工整，按时上交。

## 六、实验注意事项

（1）未经允许不能携带存储盘进入实验室。
（2）严格按照实验步骤操作计算机，不准进入计算机其他系统。
（3）不准修改、删除计算机内所有文件。
（4）爱护实验室设备。

## 七、思考题

（1）接车作业过程不同模式下有什么区别?
（2）发车作业过程不同模式下有什么区别?

# 实验十 高速铁路调度指挥原理实验

## 一、实验目的

（1）熟悉列车运行调度台、助理调度台、车站作业台工作原理。

（2）熟悉列车运行调度台主界面设置和菜单管理功能。

（3）熟悉助理调度台、车站作业台的界面设置和菜单管理功能。

## 二、实验原理

列车运行调度台是高速铁路调度指挥实验系统的核心，具备现行 CTC 系统的列车运行调度全部功能，主要完成日计划、施工计划接收，列车运行调整计划编制与下达，监控列车运行，调整到发线运用方案，与相邻台交换列车运行计划，调度命令编写、接收、审核与下达等任务。

助理调度台具备现行 CTC 系统助理调度工作岗位的全部功能，包括调度命令的确认、接收与查询、人工办理进路和信号开放、临时限速命令的设置和取消、控制模式转换、线路和道岔封锁与解锁、接触网有（无）电状态标记等任务。

车站作业台可实现微机联锁模拟、信号员终端、车务终端等任务。

## 三、实验仪器、设备

列车运行调度台 1 台，助理调度台 1 台，调监显示屏 1 台，车站作业台 2 台。

## 四、实验内容

1．列车运行调度台的功能

（1）计划接收。

该调度子平台具备正常情况与应急状况下的日计划、施工计划、邻台列车运行计划及相关调整信息的接收功能。

（2）列车运行计划调整与下达。

根据线路、列车等基础信息和列车实时运行状态等动态信息，具备正常情况与应急状况下的列车运行调整计划的编制与下达等功能。

（3）运行计划管理。

具备查看本台及邻台的基本列车运行图、日计划图、施工计划图、列车运行计划调整图和实绩运行图等功能。

（4）实绩运行图生成。

具备正常情况下自动接收车站报点、自动生成实绩运行图，并提供实绩运行图人工修改功能，同时具备人工接收车站报点、人工铺画实绩运行图功能。

（5）列车运行统计分析。

具备列车运行图数量与质量指标的统计、查询与分析功能。

2．助理调度台的功能

（1）调度命令的确认、接收和查询。

具备正常情况与应急状况下的行车调度命令的确认、接收与查询、临时限速命令的设置与取消功能。

（2）站场缩放刷新及显示设置功能。

具备根据需要对站场显示进行放大、缩小及设备隐藏等操作功能。

（3）进路的人工办理。

在分散自律控制模式下，具备对区段内各车站进路的人工办理功能。

（4）控制模式转换。

具备《分散自律调度集中系统技术条件》相关规定实现分散自律和非常站控模式的转换功能。

（5）线路和道岔封锁与解锁。

具备线路与道岔的封锁与解锁功能。

（6）接触网有电无电状态标记。

具备接触网有电无电状态的设置功能。

## 五、实验步骤

1．列车运行调度台实验步骤

程序运行主界面如图 10-1 所示，整个界面分为菜单、按钮栏和主画布三部分。

（1）菜单操作。

主要由系统登录、参数设置、绘制运行符号、阶段计划、列车管理、显示选项和帮助 7 项组成。

① 系统登录。包括换班登录、交班存图和打印预览、打印、时间段打印、保存运行线、退出系统。其中，交班存图用于调度员保存当日运行图信息。

② 参数设置。包括区间运行时间、间隔参数。其中：

间隔参数：设置客车、货车各项时间参数。例如：列车通过车站时间、从进站到停稳时间、前次列车通过车站到可为下次列车开放信号的间隔时间等。

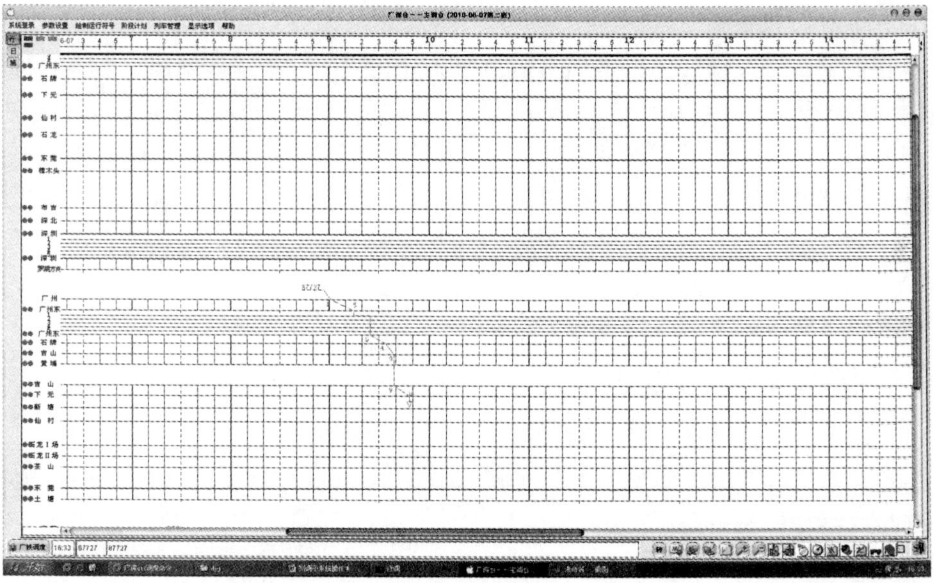

图 10-1　主菜单

③ 绘制运行符号。包括列车运行线、区间封锁、区间慢行、车站封锁、车站慢行、电网检修、图表记载、区间作业。其中：

区间封锁：用于进行区间封锁的图上操作。

区间慢行：用于进行区间慢行的图上操作。

车站封锁：用于封锁站内股道的图上操作。

车站慢行：用于记载站内慢行的文字资料，起标志作用。

电网检修：用于进行电网停电检修天窗的图上操作。

图表记载：用于在图上记载文字信息、事故说明、重点说明等。

区间作业：用于铺画开往区间作业并且要返回本站的列车，并能够自动冠以该列车的返回车次。

④ 阶段计划。包含批量（分界口接入计划）、图定计划、删除运行线、恢复删除、批量删除计划线、恢复批量删除、下达计划、申请邻台计划、下达基本图、批量选择计划线、批量移动计划线（1 h）、按间隔分隔批量线条。其中：

批量（分界口接入计划）：根据分界接入的计划，铺画生成列车运行线。

图定计划：根据图定（日班计划）按时间、方向等属性生成计划线。

申请邻台计划：获取邻台计划。

下达基本图：根据基本图下达计划。

⑤ 列车管理。包含了当班记事、车站现在车、列车甩挂管理、计划台下达甩挂信息、交接车数统计。其中：

当班记事：提供记事、内部记事、阶段计划、列车编组、计划台计划等功能。

车站现在车：车站上报现在站存车查询。

列车甩挂管理：货车甩挂作业管理。

交接车数统计：用于根据方向及发点、到点查询各站交接车情况。

⑥ 显示选项。包含显示报点窗口、列车确保查询、定时下达计划设置、显示正晚点、显示股道、显示基本图、显示区间分析、始终显示换方向车次、显示车底交路、显示调度命令生成信息、显示运缓信息、显示计划错误报警信息、显示选中列车节点Tip、报点后自动移动后续车站运行点。其中：

显示报点窗口：报点日志及日班计划消息显示。

定时下达计划设置：定时下达某车站计划，可自由设置时间间隔。

显示正晚点：显示正晚点信息。

显示股道：可在各个车站节点旁显示股道名。

显示基本图：在运行图上显示基本图。

显示区间分析：显示运行线各区间情况。

显示换方向车次：用于在分上下行显示列车时选项，如选中则在上下行显示显示所有列车车次有变换的列车，否则就按需要显示的上下行与定义的上下行标准站的出发车次上下行相符的列车。

显示车底交路：显示列车的车底交接信息。

显示调度命令生成信息：在向调度命令平台发送拟写好的施工调度命令草稿成功后提示调度员。

显示计划错误报警信息：显示运行线上的错误信息，如股道错误等。

显示选中列车节点 Tip：显示选中列车运行线节点的提示信息，包括始发终到站、正晚点信息等。

报点后自动移动后续车站运行点：主要作用是接收到车站报点信息后，是否根据接收的报点信息与该站的阶段计划的时间差，自动更改该车次在该报点站的后续车站到发时刻。

（2）主画布操作。

主画布是整个系统的主体，根据列车运行图组织而成。上面为时间轴（采用十分格方式）构成横坐标，左边为本台所管辖的车站和该车站的股道及信号灯，构成纵坐标，中间部分为列车运行信息记载区。列车线条分为实际线、临界线和计划线，实际线的颜色为黑色，红色线条为临界区，红色线加绿色线为计划区，蓝色线则代表当前班剩余作业区。列车线条有两种颜色，货车为灰色，客车为粉红色，列车线条和车站线条的交接处就是该次列车到达该车站的时间。

面板选择

，分别可以选择行、日、施，“行”表示当前工作运行图，用于铺画列车运行计划并进行阶段计划的调整；“日”用于查询日班计划在本台的落成情况；“施”用于查看在本台的施工计划信息，包括相应的施工计划及施工调度台提前拟写好的施工调度命令。

选择“日”面板时查看的日班计划在本台的落成情况，如图 10-2 所示。

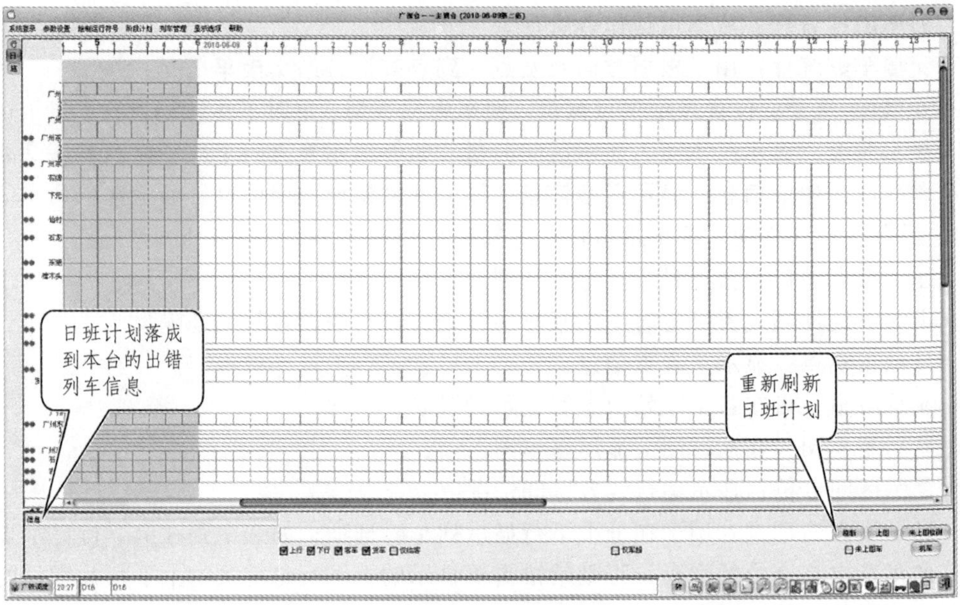


图 10-2　日班计划

选择“施”后查看的施工计划界面，包括查看的施工计划和施工命令，如图 10-3 所示。

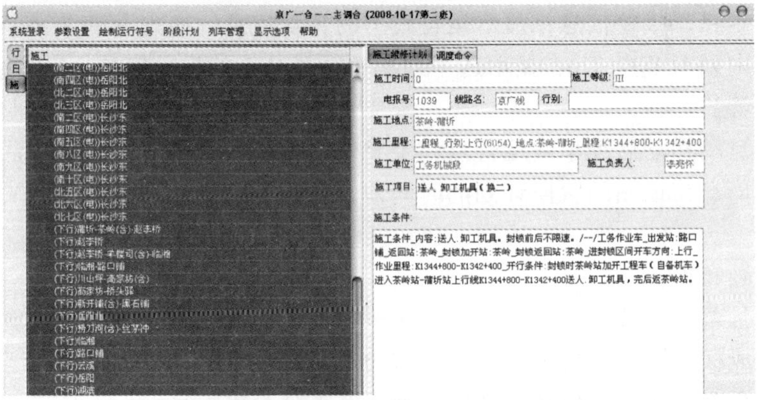

图 10-3　施工计划

（3）工具栏操作。

状态栏：显示一些操作信息，如所选中的车次。

车次搜索框：用于查找已画线车次功能。

放大运行图：点击一次可将运行图放大一倍，最多可放大三倍。

缩小运行图：点击一次可将运行图缩小一半，最多可缩小到原图的 1/3。

转实际：可将所选中的线转实际，从列车接入点到所选中的车站全部转为实际点。

下计划：将调整好的计划下达到各个车站。

发送阶段计划到邻台：将本台的计划发送到邻台。

接收邻台的计划：当邻台将计划发送到本台后本台的机器会发出嘟嘟的声音以提示调度员，此时即可按击本按钮接受计划。

显示上行：只显示上行的运行线。

显示下行：只显示下行的运行线。

鼠标收点：选择此处用鼠标点击计划线上的点，该点将被转实际，标上红色的数字，连贯的点都转实际后，便形成实际线。

开始画线：调出画线窗口，进行输入确定后即可画线。

结束画线：用于保存或取消正在画的运行线。

显示正晚点信息：与显示选项的显示正晚点功能相同，显示已转实际列车的正晚点信息。

显示本台基本图：与显示选项的显示基本图功能一样。

（4）鼠标右键菜单操作。

① 按点选中。选中一条运行线上的一个点，单击鼠标右键，弹出如图 10-4 所示菜单。

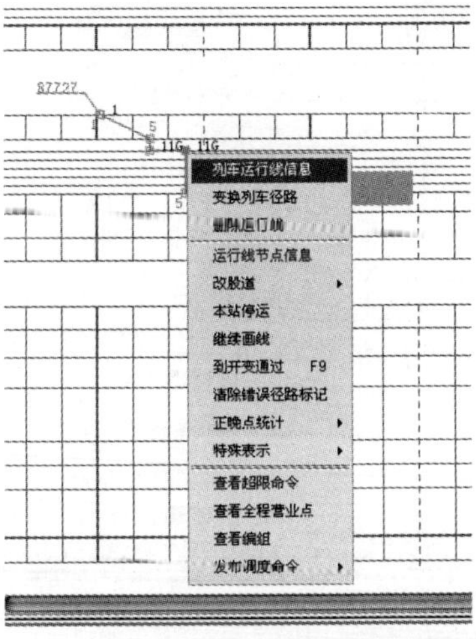


图 10-4 绘制运行线

列车运行线信息：用于打开列车运行线信息对话框。

变换列车径路：用于变换列车径路更改运行线。

删除运行线：提供删除运行线功能。

运行线节点信息：用于打开运行线节点信息对话框。

改股道：提供某节点股道更改功能。

本站停运：用于指定某站停运功能。

继续画线：用于指定某节点可继续画线功能。

到开变通过：用于到开变通过，通过变到开切换功能。

清楚错误径路标记：将计划线径路与日班计划中的径路信息不对的标记清除。

正晚点统计：用于更改选中运行线节点正晚点统计方式，如“统计到达点”“统计出发点”等二级菜单。

特殊表示：用于列车在下一区间或下一站外停车的图上表示。

查看全程营业点：用于查看营业情况，需要日班生成的计划线才能查看。

查看编组：用于查看编组情况，需要日班生成的计划线才能查看。

② 按线选中。选中一条运行线上除节点外的任意位置，单击鼠标右键，弹出如图 10-5 所示菜单。

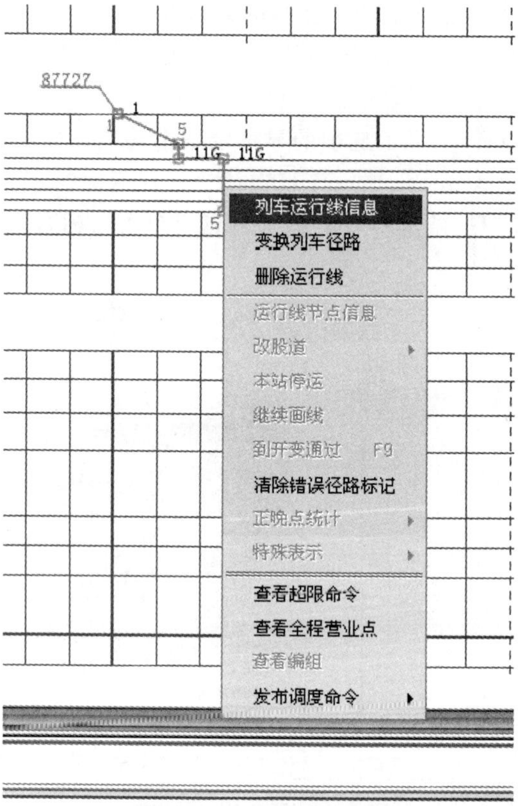


图 10-5　选中运行线

列车运行线信息：用于打开列车运行线信息对话框。

变换列车径路：用于变换列车径路更改运行线。

删除运行线：提供删除运行线功能。

清楚错误径路标记：将计划线径路与日班计划中的径路信息不对的标记清除。

查看全程营业点：用于查看营业情况，需要日班生成的计划线才能查看。

（5）交班存图。

用于调度员换班时保存当班的运行图情况的备份工作，调度员完成一个班的工作后需要将本班的运行图进行保存，以便日后进行查看，如图 10-6 所示。

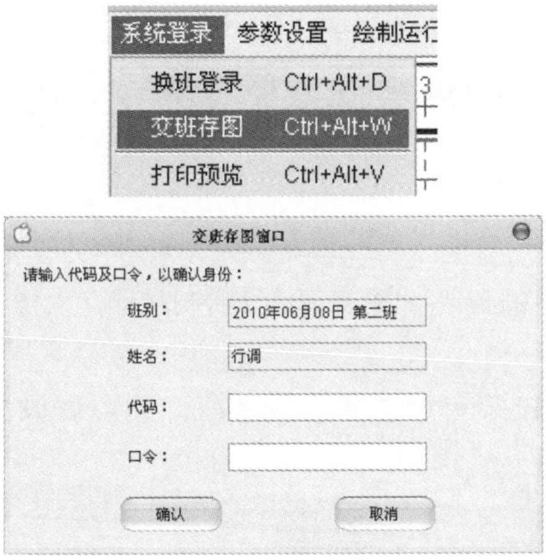


图 10-6 交接班

2．助理调度台、车站作业台实验步骤

主界面主要分为区段画面和车站画面，程序启动后默认显示在区段画面上，如图 10-7 所示。

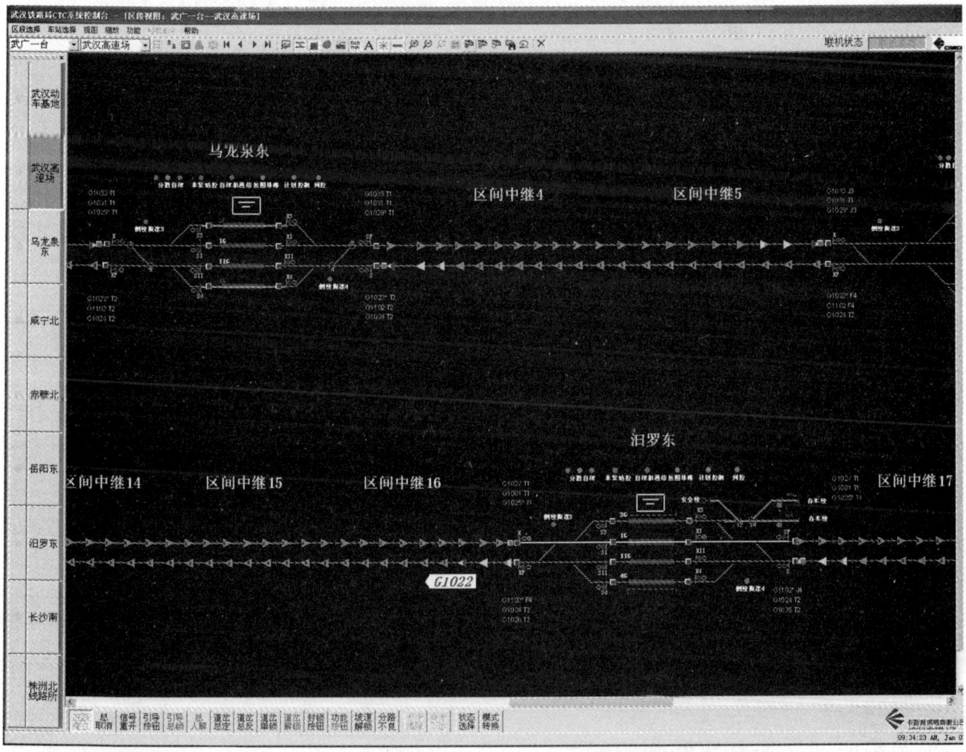


图 10-7 助调界面

无论是区段画面还是车站画面，界面布局都类似，可分为以下几个部分：标题栏与菜单栏、主工具条、站选条、站场图显示、CTC 操作按钮条、进路序列。

（1）标题栏与菜单栏（见图 10-8）。

图 10-8　菜单栏

标题栏显示此站场图的标题。菜单选择栏包括区段选择、车站选择、视图、功能等菜单选项。

① 区段选择。在下拉菜单中选择相应区段，当前区段为灰色并有勾标识，如图 10-9 所示。

图 10-9　区段选择

② 车站选择。在车站画面中选择车站时，站场图将会切换到相应站的站场图；在区段面中选择车站时只能是所选车站居于屏幕中央。

首站、尾站这两个选项可以方便快速地显示当前区段中的首站、尾站，前站、后站这两个选项则可以浏览当前站的前一站和后一站，如图 10-10 所示。

③ 视图。视图界面如图 10-11 所示。

图 10-10　车站选择

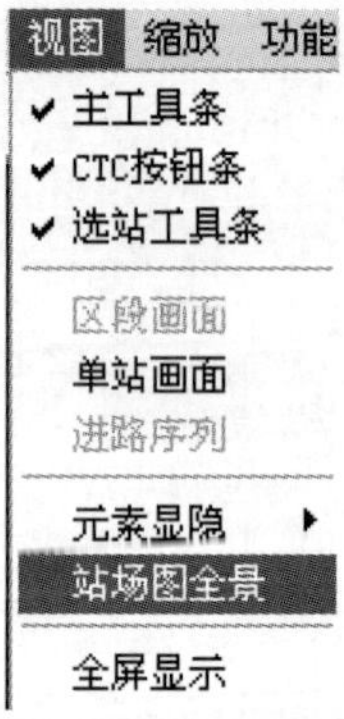


图 10-11　视图界面

主工具条：显示或隐藏主工具条。

CTC 按钮条：显示或隐藏 CTC 按钮条。

选站工具条：显示或隐藏选站工具条。

区段画面：切换到区段画面。

车站画面：切换到车站画面。

元素显隐：可进行文字、绝缘节、列车按钮、调车按钮、进路窗、车次号等选择显示。其中，点击文字选项后会出现如图 10-12 所示的对话框，通过点击绝缘节、列车按钮、调车按钮、进路窗和车次号选项可以在站场图上显示/隐藏相应的图元。

站场图全景：点击后站场图显示在屏幕范围内，无需滚动条。

④ 缩放。缩放界面如图 10-13 所示。

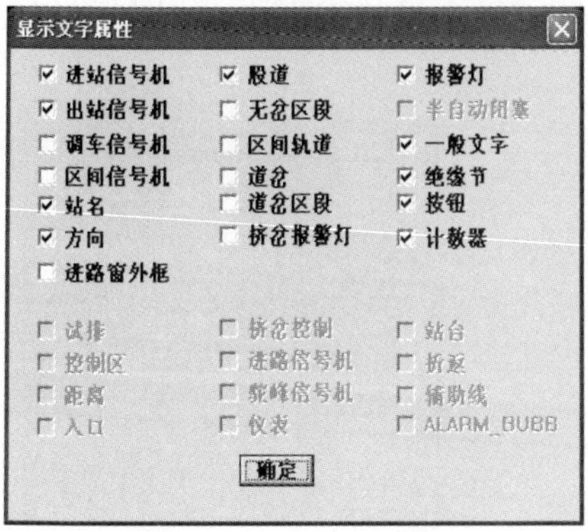


图 10-12　显示控制菜单

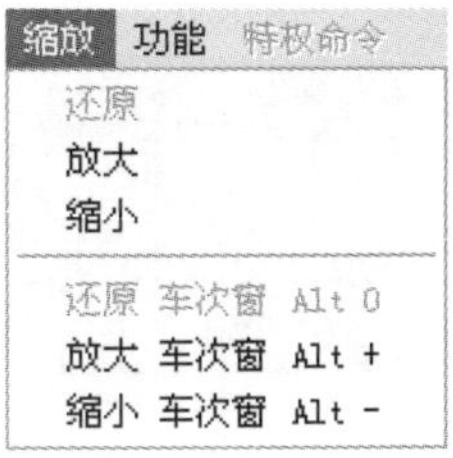


图 10-13　缩放

缩放包括站场图缩放和车次窗缩放。

站场图缩放大时可以单击所要放大的区域，或按下鼠标左键不动，同时移动鼠标，就会在屏幕上虚线框，虚线框内选中要放大的站场部分，松开鼠标就可以在屏幕上显示出放大的被选站场图。还原选项可以使站场图恢复初始大小。

同样，点击放大/缩小车次窗也可以完成车次窗的缩放操作，还原车次窗则可以使车次窗恢复到初始大小。

⑤ 功能。功能菜单如图 10-14 所示。

a. 站场图回放：点击此菜单则会出现如图 10-15 所示的输入回放始末时间的对话框。

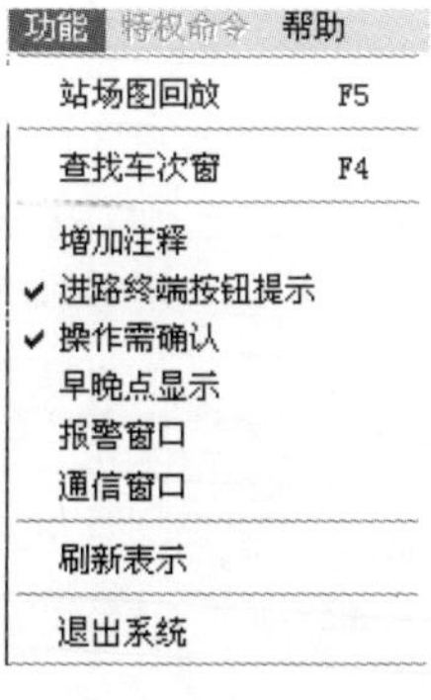


图 10-14　功能菜单

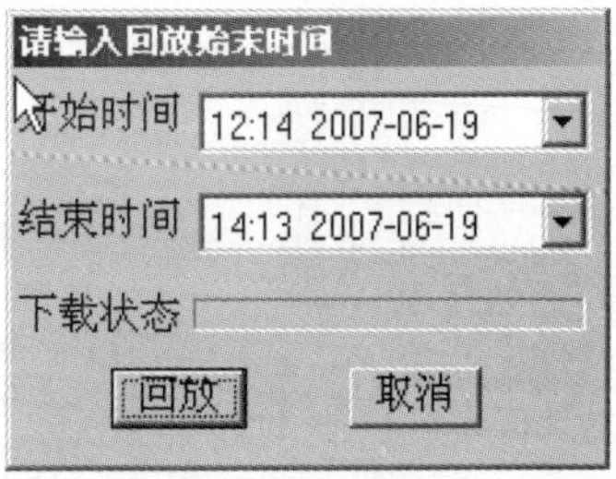


图 10-15　回放选择

输入开始时间和结束时间，时间差不能超过 2 h。单击“回放”（或回车）后开始下载回放文件，成功后则出现回放控制窗，如图 10-16 所示。

此时站场图显示进入回放状态，即站场图上显示的画面为回放时刻的画面。 正向时间方式回放即前进， 逆向时间方式回放即后退； 回放加速， 回放减速；

连续连续方式回放，单步人工步进式即非连续方式回放；暂停回放暂停，结束终止回放，站场图进入实时显示状态。

如果以单步方式回放，则回放控制框中会多出两个按钮，如图 10-17 所示。下一变化前进或后退到站场图的下一个状态变化。

图 10-16　下载

图 10-17　回放控制

b. 查找车次窗：点击此菜单则出现如图 10-18 所示对话框，其中罗列了当前区段或当前站的所有车次。用鼠标选中所要查找的车次后，点击确认就可以找到此车次所在的画面。

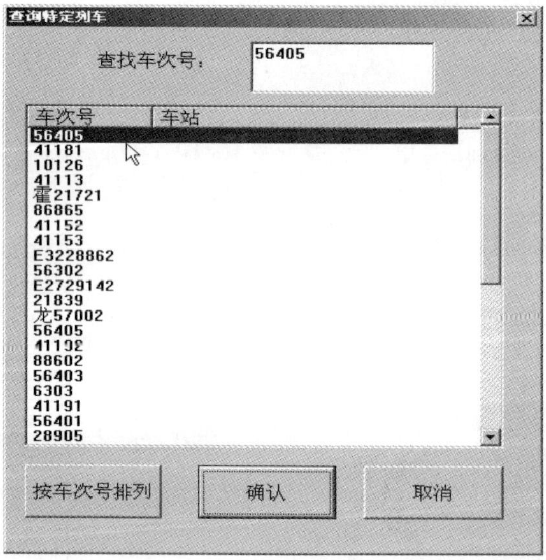


图 10-18　车次查找

c. 增加注释：通过该命令可以在站场图上写一些文字注释，重启程序后文字不保留。

d. 进路终端按钮提示：办理进路时，按下始端按钮后，终端按钮是否闪烁提示。

e. 操作需确认：此选项打勾则表示当调度员人工操作站场设备时，如办理进路需要列车调度员确认。若无需确认则可去掉此选项前的勾。

f. 早晚点显示：是否显示列车的早晚点情况，车次号尾部跟的数字表示早晚点时分。

 蓝色表示列车晚点，数字表示晚点的时间。

红色表示列车早点，数字表示早点的时间。

（2）主工具条操作。

在菜单栏的下面有一个主工具条，此工具条是作为菜单选项的快捷方式，如图10-19所示。

图 10-19　主工具条

：切换到区段画面。

：切换到车站画面。

：区段画面与车站画面层叠。

：显示或隐藏进路序列窗口（该功能只有在车站画面时有效）。

：全屏显示。

：首站、前站、下站和尾站按钮。

：显示文字属性按钮，点击后弹出如图10-20所示的对话框。

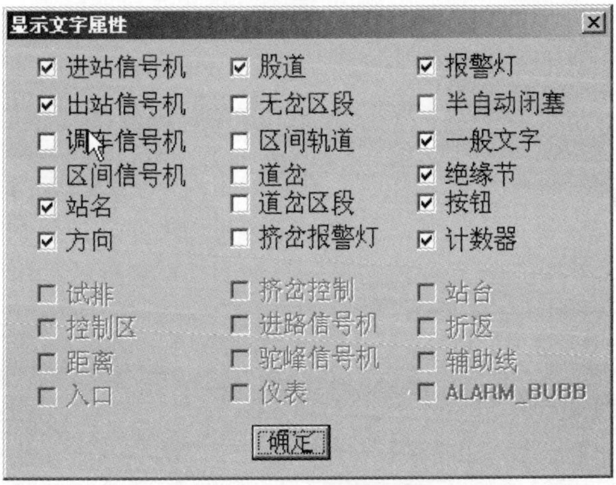


图 10-20　显示文字属性

：显示或隐藏绝缘节。

：显示或隐藏列车按钮（即接发车和通过按钮），列车按钮是方形的，如图所示分别为通过按钮和接发车按钮。

：显示或隐藏调车按钮，调车按钮是圆形的，如图所示。

：显示或隐藏车次窗位置，点击此按钮后站场图上出现可进行车次号操作的白框，在白框中点击鼠标右键，则出现车次号操作的菜单，如图10-21所示。

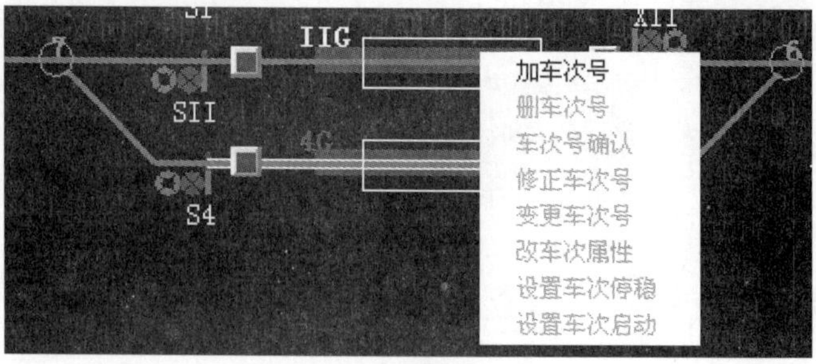


图 10-21　车次号

：显示或隐藏进路窗，进路窗如图所示。

A：增加注释。

：进路终端按钮提示，按下后当手工办理进路时可对终端按钮闪烁提示。

：分路不良显示，按下后可显示分路不良区段。

：放大、缩小或还原站场图显示。

：站场图全景显示，显示在屏幕范围内无需滚动条。

：放大、缩小或还原车次窗。

：查找车次窗。

：站场图回放。

×：退出程序。

在主工具栏的最右面显示程序与主机服务器的联机状态：成功时显示 联机状态 联机成功 ，网络连接不通时显示 联机状态 。

（3）站选条操作。

在站场图的左面一个站选条，此条上显示的是当前区段中的所有车站，点击某个车站的按钮，站场图即显示所选车站的画面，同时选中车站的按钮变为浅蓝色。按钮右面竖条的颜色表示车站的状态和控制模式，如图 10-22 所示。

| 颜色 | 控制模式 |
|---|---|
| 红 | 站死 |
| 绿 | 分散自律（车站调车方式） |
| 蓝 | 车站控制（大站方式） |
| 黄 | 中心控制（集控站方式） |
| 灰 | 非常站控（联锁控显机控制） |
| 白 | TDCS 车站或状态无权获取 |

图 10-22　颜色显示

站选条可以从菜单的“视图→选站工具条”选择显示还是隐藏，如图 10-23 所示。

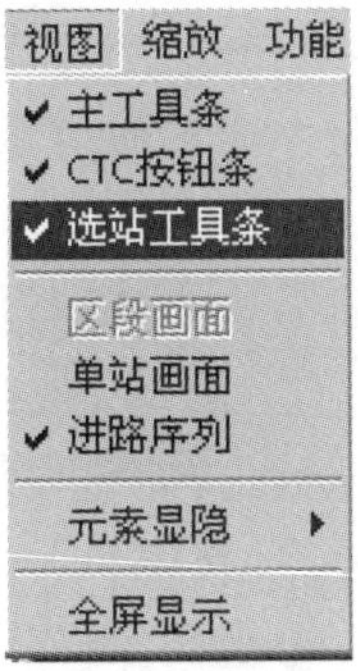


图 10-23　视图菜单

（4）站场图。

① 区段画面。图 10-24 所示为区段站场图画面，程序启动时默认显示区段画面。

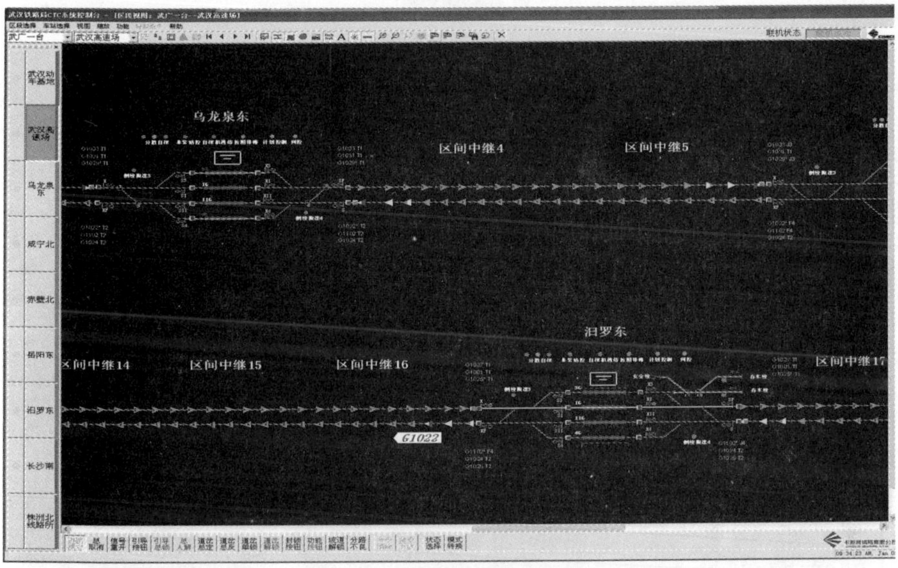


图 10-24　车站显示

在站名下面有状态表示灯，默认显示是灰色，状态表示时是绿色，如图 10-25 所示。

图 10-25　车站控制显示

分散自律文字下面的三个灯分别表示中心控制、分散自律、车站控制，灯亮为绿色时表示车站处在相应的控制模式下。非常站控灯亮为红时表示当前站处于非常站控状态，当处于非常站控时 CTC 无法操作站场设备。同一时刻，控制模式灯最多只能一个灯亮。

自律机通信灯表示自律机本身的状态，当自律机状态良好时，此灯会闪烁。

进路控制灯为绿时表示按图排路，为黄时表示手工排路，当处于手工排路时无法产生进路序列，进路需要人工办理。

计划控制灯为绿时表示调车进路需要和列车进路计划作冲突检查比较，为灰时表示不比较。

其中，“计划控制”和“按图排路”功能可以通过 CTC 工具条上的“状态选择”按钮来选择是否需要此功能。

在车站的出入口有四个进路窗，分别表示即将要办理的上下行方向的进路序列，如图 10-26 所示。

图 10-26　进路窗

进路窗中计划第一趟办理的列车有“*”标识，如果是自触则后面的接发车股道为黄色，如果没有自触则。接发车股道为红色，进路已经触发的列车接发车股道为绿色，列车占用进路解锁后进路窗中的车次自动消失。

② 车站画面。车站画面如图 10-27 所示。

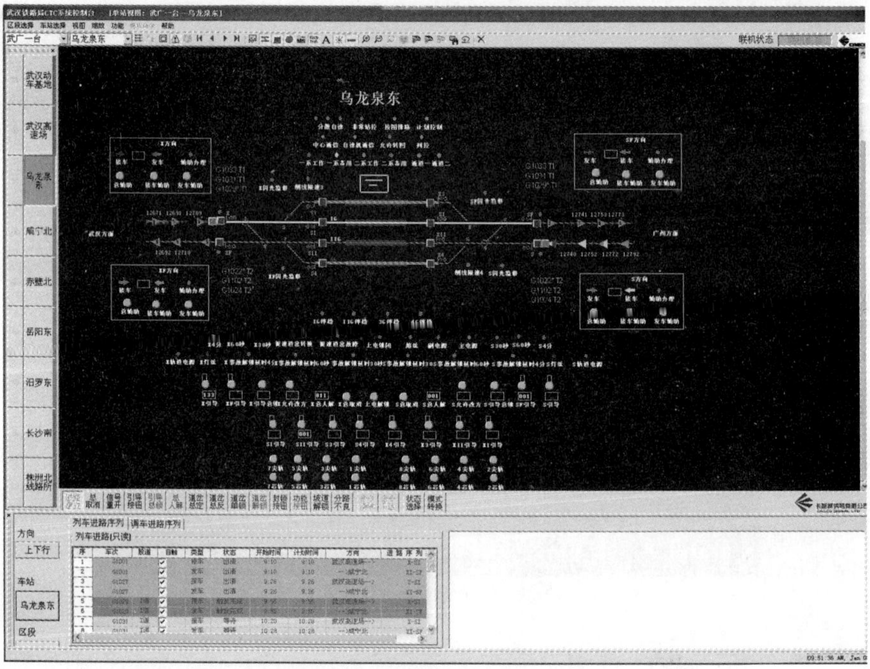


图 10-27　车站

车站画面与区段画面中的车站站场图略有区别，在车站画面的站名下面，也有一些状态表示灯，如图 10-28 所示。

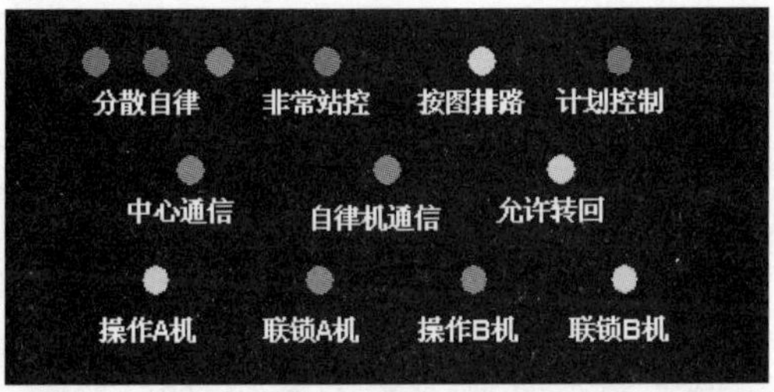


图 10-28　车站控制显示

中心通信灯表示本机（助调台）与车站自律机的通信状态，当通信良好时，此灯每隔一小段时间就闪烁一下，颜色为绿色。

允许转回灯亮为黄色时表示车站可从非常站控转到分散自律，否则在车站无法从非常站控转入 CTC 控制。

在车站画面的车站出入口处有接发车方向和辅助改方方框，如图 10-29 所示。

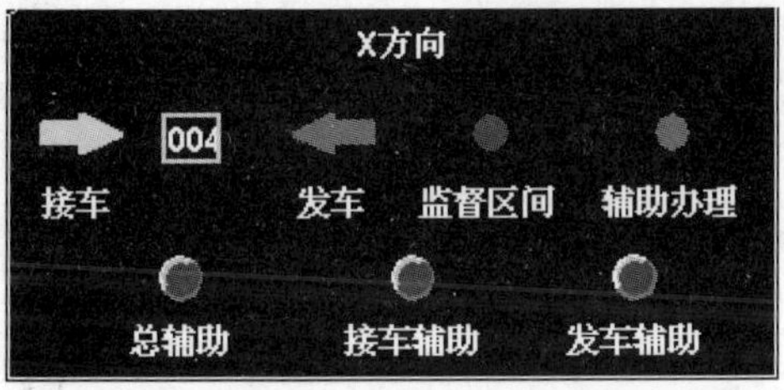


图 10-29　车站接发列车

站场图下部所示的是各类报警灯和特殊按钮，如图 10-30 所示。

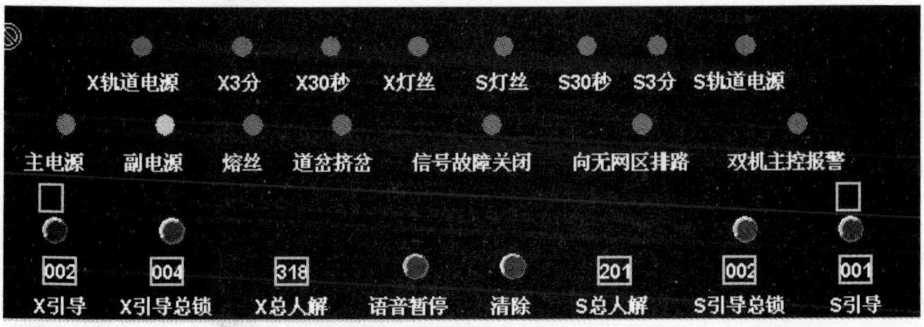


图 10-30　车站报警及特殊显示

引导按钮上面的黄框为定时器，下面的黄框为计数器。总人解和引导总锁只有计数器。

在站场图股道的两侧，若是办客站有站台，则用如下标记表示高低站台： 粉框代表高站台； 绿框代表低站台，如图 10-31 所示。

③ 区间低频码显示。在高速客专 CTC 中，对于区间不设通过信号机的区段，区间闭塞分区除了具有占用空闲状态显示之外，还具备有显示闭塞分区低频码的功能。在区间闭塞分区中间采用三角的显示方式，如图 10-32 所示。

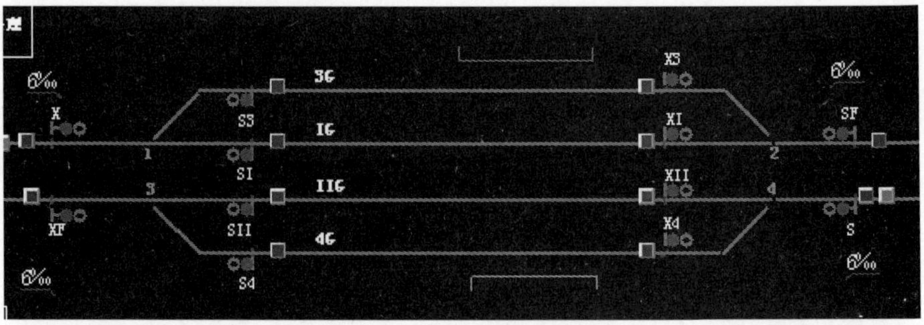


图 10-31　车站股道显示

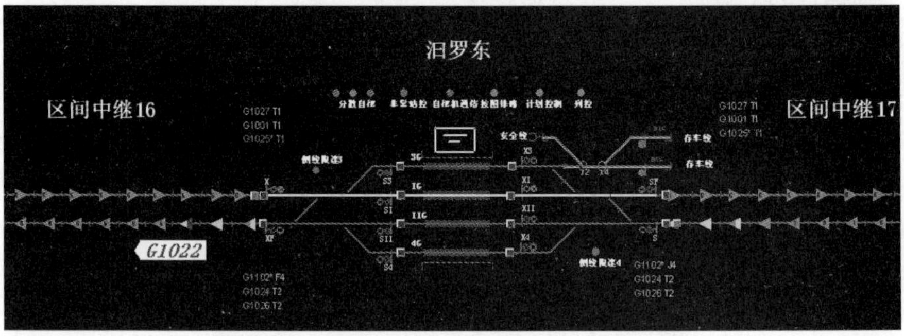


图 10-32　区间分区显示

如果将鼠标移至相应的三角上，即可显示区间闭塞分区低频码，具体含义如下：

红黄，鼠标移上去显示“HU”，表示此闭塞分区发码为 HU 码。

红，鼠标移上去显示“H”，表示此闭塞分区发码为 H 码。

黄，鼠标移上去显示“U”，表示此闭塞分区发码为 U 码。

黄+数字 2，鼠标移上去显示“U2”，表示此闭塞分区发码为 U2 码。

黄+数字 2+整体闪烁，鼠标移上去显示“U2S”，表示此闭塞分区发码为 U2S 码。

黄+绿，鼠标移上去显示“LU”，表示此闭塞分区发码为 LU 码。

黄，鼠标移上去显示“LU2”，表示此闭塞分区发码为 LU2 码。

绿，鼠标移上去显示“L”，表示此闭塞分区发码为 L 码。

绿+数字 2，鼠标移上去显示“L2”，表示此闭塞分区发码为 L2 码。

绿+数字 3，鼠标移上去显示“L3”，表示此闭塞分区发码为 L3 码。

绿+数字 4，鼠标移上去显示“L4”，表示此闭塞分区发码为 L4 码。

绿+数字 5，鼠标移上去显示“L5”，表示此闭塞分区发码为 L5 码。

绿+数字 6，鼠标移上去显示“L6”，表示此闭塞分区发码为 L6 码。

红+黄+整体闪烁，鼠标移上去显示“HB”，表示此闭塞分区发码为 HB 码。

双黄：鼠标移上去显示为“UU”，表示此闭塞分区发码为 UU 码。

双黄闪，鼠标移上去显示“UUS”，表示此闭塞分区发码为 UUS 码。

灰，鼠标移上去显示“占用检查”，表示此轨道区段发码为占用检查码。

灰，鼠标移上去显示“载频切换”，表示此轨道区段发码为载频切换码。

代表三角整体闪烁，闪烁频率为正常色即黄色出现 1 s，背景色出现 500 ms。反向行车时，三角形的箭头方向也会相应地改为行车方向。

④ C3 列车移动授权 MA 站场表示。客运专线下当列车由 CTCS-3 级列控系统控车时，在站场图上可显示对应该列车的移动授权 MA 信息，移动授权在轨道区段外侧以灰色外包线绘制，如图 10-33 所示。

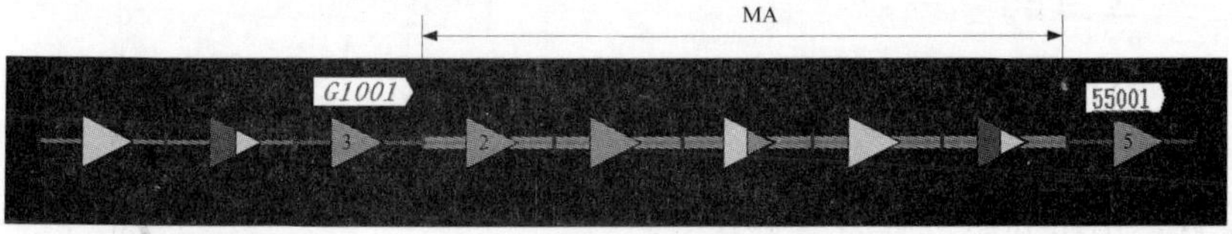


图 10-33　移动授权

## 六、实验报告要求

认真完成实验报告，报告要用实验报告纸，书写工整，按时上交。

## 七、实验注意事项

（1）未经允许不能携带存储盘进入实验室。
（2）严格按照实验步骤操作计算机，不准进入计算机其他系统。
（3）不准修改、删除计算机内所有文件。
（4）爱护实验室设备。

## 八、思考题

（1）列车运行调度台主界面包含哪些内容？
（2）列车运行调度台主画布核心有哪些？
（3）助理调度台的基本菜单有哪些？
（4）你认为现行高速铁路通信技术还可以有哪些方面的改进？

# 实验十一　铁路站场 CAD 绘图实验

## 一、实验目的

1. 了解 CAD 系统基本操作；
2. 掌握道岔、信号机、警冲标等基本绘制方法；
3. 掌握铁路站场图绘制的基本方法。

## 二、概　述

按比例绘制站场图是车站设计的基础。通过本实验熟悉 CAD 软件的基本操作，通过绘制铁路车站的道岔、信号机、普通线路终端连接、警冲标等元素，使同学对 CAD 绘制车站元素的基本方法能初步掌握。给定某车站的基本参数信息，应能根据掌握的基本绘制方法，按比例绘制出给定车站的平面布置图。

## 三、实验仪器及设备

CAD 软件

## 四、实验步骤及方法

### （一）了解 CAD 软件基础知识

1．软件开启

打开 CAD 软件，初始界面如图 11-1 所示。

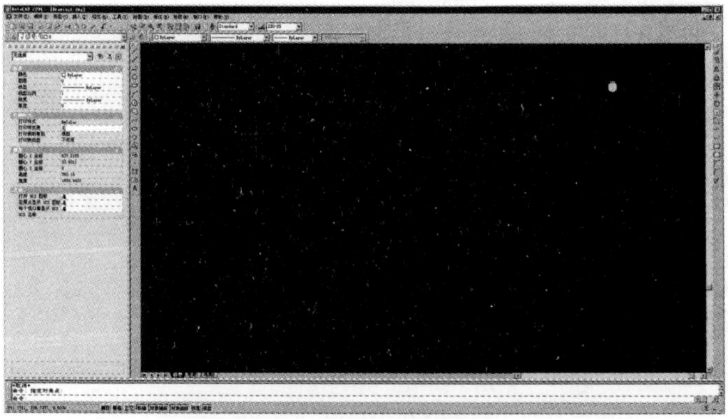

图 11-1　CAD 界面

### 2．命令的输入方式

（1）菜单输入命令，如绘图菜单—直线。

（2）工具条中的按钮输入命令。

（3）键盘输入命令如 line 或 L。

（4）利用右键弹出的快捷菜单。

### 3．命令的取消

（1）按 ESC 键可以中断正在执行的命令。

（2）输入 U 或点取可以撤销前面执行的命令，要恢复撤销的最后一个命令，可以键入 REDO。

### 4．坐标的输入

（1）绝对直角坐标。

输入 X，Y，Z 表示该点相对于坐标原点的坐标，在二维图形中 Z 坐标可以省略。

（2）相对直角坐标。

输入相对坐标时必须在前面加@符号，如@20，30 表示该点相对于前一点沿 X 方向移动 20，沿 Y 方向移动 30。

### 5．CAD 绘图的步骤

CAD 绘图步骤如图 11-2 所示。

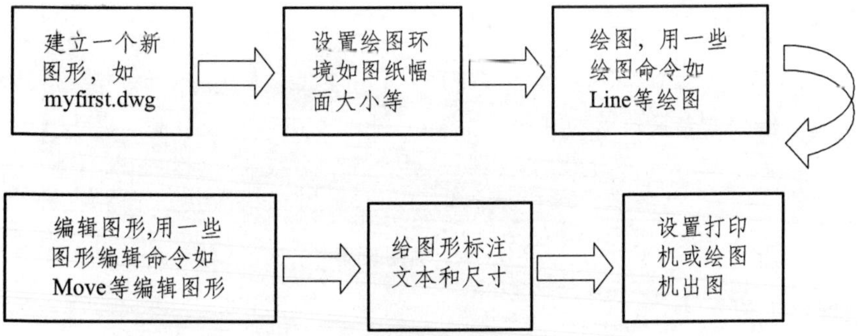


图 11-2　绘图步骤

### 6．设置绘图环境

（1）选择工具—选项—显示—颜色，如图 11-3 所示。

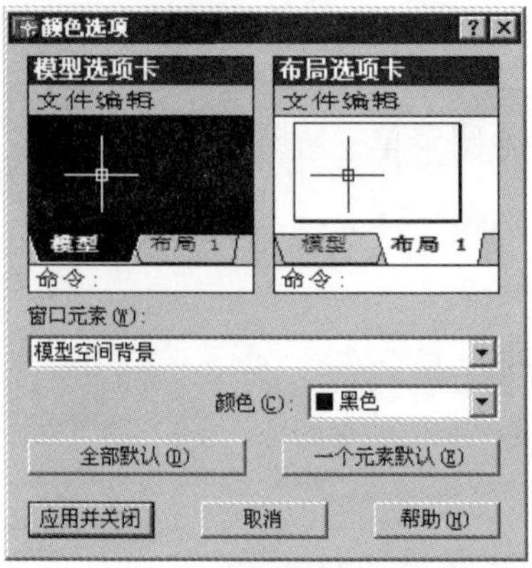


图 11-3　设置绘图底色

在出现的对话框内选择白色或黑色可以修改 CAD 背景，试试在白色和黑色背景之间切换，查看背景的区别。

（2）选择工具—选项—草图，如图 11-4 所示，可修改“自动捕捉标记颜色”及“自动捕捉标记大小”。

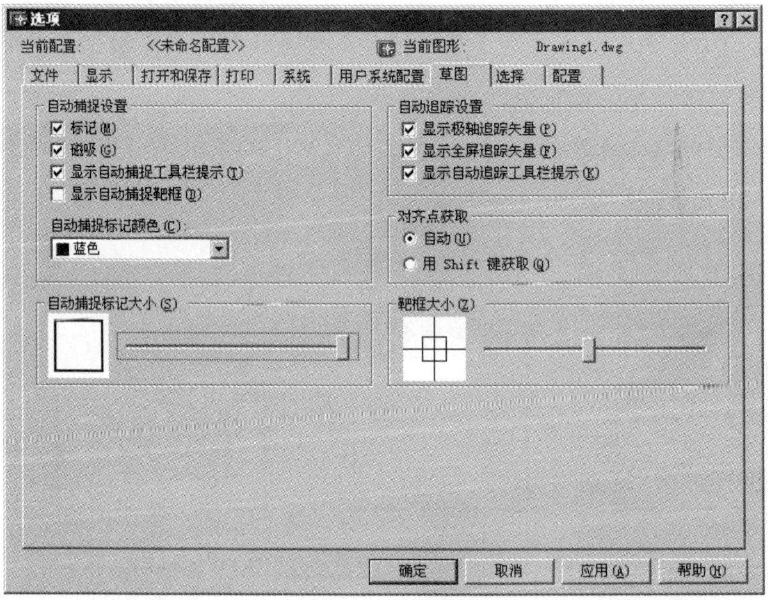


图 11-4　草图设置

7．设置图层

开/关。已关闭图层上的对象不可见，但使用 HIDE 命令时它们仍然会遮盖其他对象。切换图层的开/关状态时，不会重新生成图形。

冻结/解冻。已冻结图层上的对象不可见，并且不会遮盖其他对象。解冻一个或多个图层将导致重新生成图形。冻结和解冻图层比打开和关闭图层需要更多的时间。

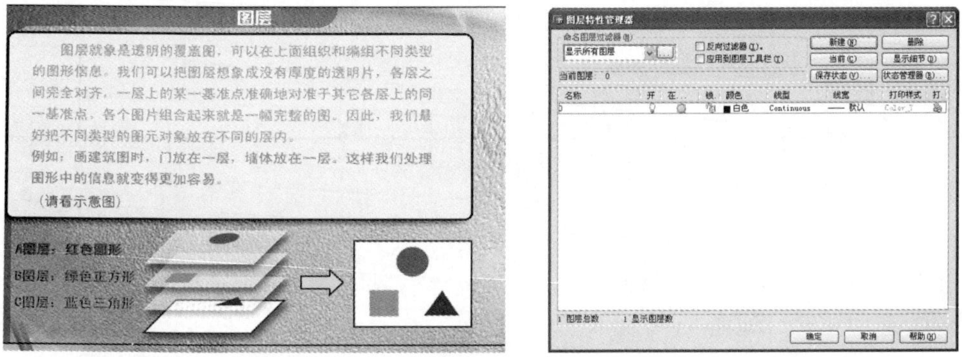


图 11-5　图层设置

锁定某个图层时，该图层上的所有对象均不可修改，直到解锁该图层。锁定图层可以减小对象被意外修改的可能性。

8．设置草图

在草图设置中可选择对象捕捉点的类型，如图 11-6 所示。

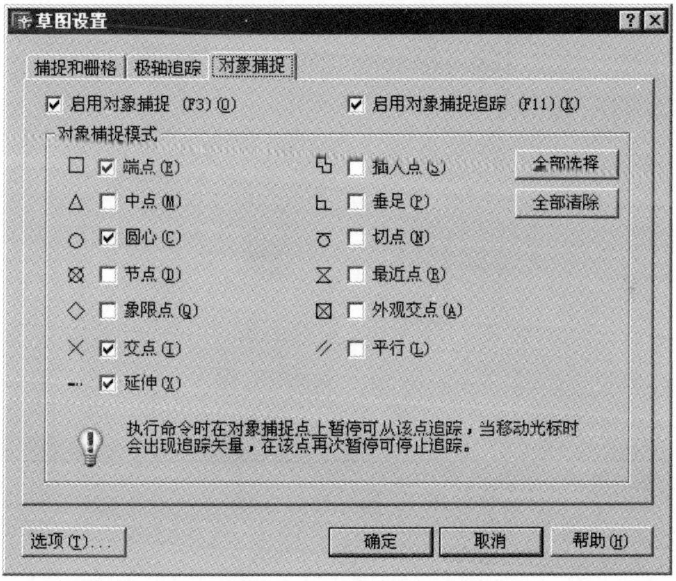


图 11-6　草图设置

## （二）CAD 绘制站场图元素

1．绘制道岔

道岔设置如图 11-7 所示，常用的铁路道岔有 9 号和 12 号，9 号道岔角度 6°20′25″；12 号道岔角度 4°45′49″。

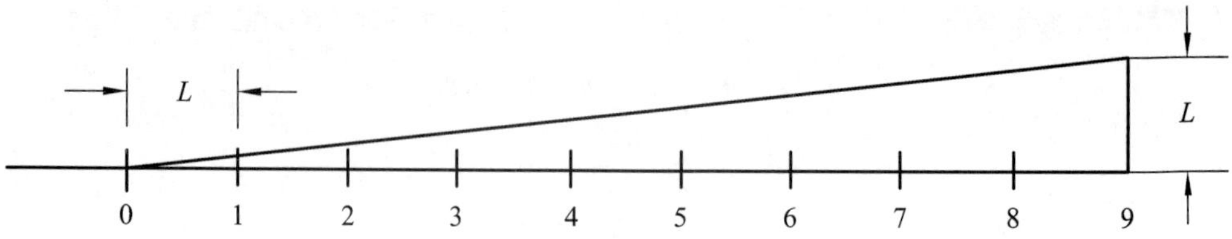


图 11-7　道岔设置

（1）用相对坐标法绘制道岔。

① 选中正交，如图 11-8 所示。

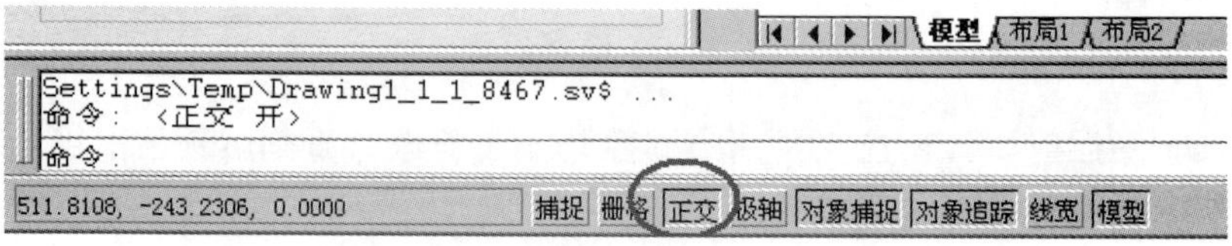


图 11-8　正交选择

② 在直线工具中选直线绘制，如图 11-9 所示。

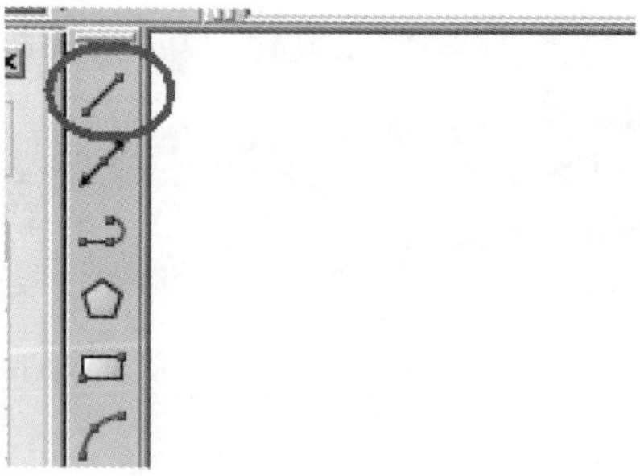

图 11-9　直线工具

③ 选择直线的起点、终点绘制直线，如图 11-10 所示。

图 11-10　绘制直线

④ 用直线工具确定道岔中心，如图 11-11 所示。

图 11-11　确定道岔中心

⑤ 输入命令完成绘制，选择直线工具，起点选定交点位置，在命令栏输入“@120，10”即可绘制如图 11-12 所示的 12 号道岔，在命令栏输入“@－90，－10”即可绘制图 11-13 所示的 9 号道岔。

图 11-12　绘制右上道岔

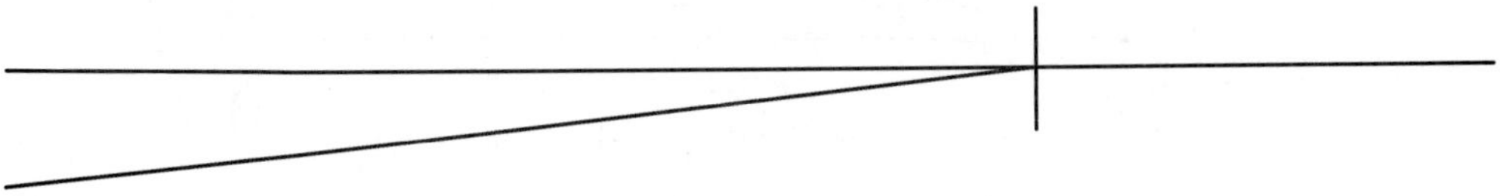

图 11-13　绘制左下道岔

（2）用旋转法绘制道岔。

重复以上①～④步，然后在交点—线路终点重新绘制一条直线，选择“旋转”快捷方式 ，鼠标点中绘制的直线，然后点击确定，根据提示选定交点为基点，按照如图 11-14 所示命令输入，可绘制出 9 号道岔。

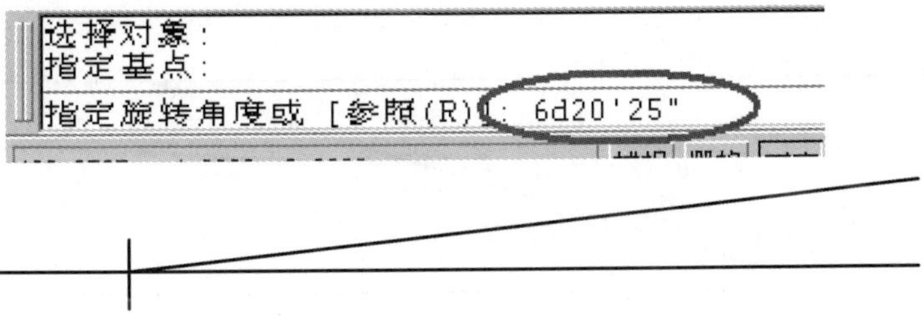


图 11-14　旋转法绘制道岔

2．绘制信号机

（1）用直线和绘制圆的快捷方式，绘制如图 11-15 所示的高柱出站信号机。

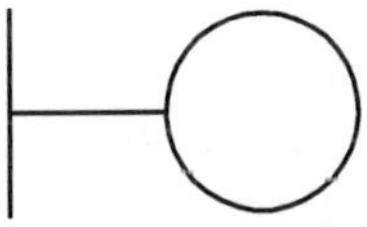

图 11-15　高柱信号机

（2）选择信号机，点击复制，然后选择鼠标右键—粘贴为块，把信号机粘贴为整体。

（3）用“镜像”快捷方式产生另外一个方向的出站信号机。

3．绘制线路终端连接

9 号道岔连接曲线半径取 200；12 道岔后连接曲线半径取 400。

此处绘制 12 道岔，道岔后连接曲线半径取 400，线间距离为 5 m。

（1）选择正交，绘制 1 条水平线。

（2）在命令栏输入“o”，根据提示选择绘制的直线，并将直线平移 5。

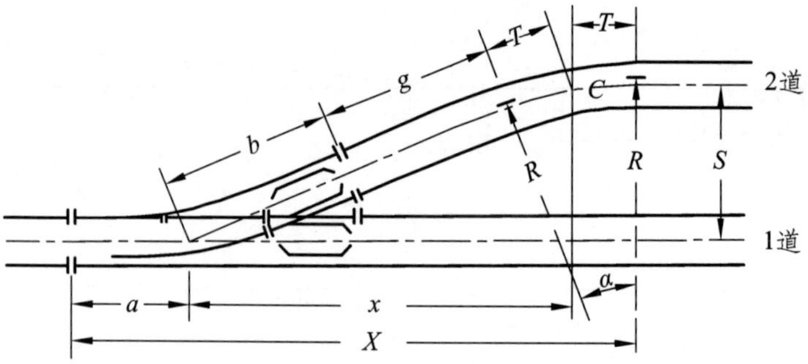


图 11-16　普通线路终端连接

（3）在下面直线处绘制 12 号道岔。

（4）在右面选择“导圆”快捷按钮，根据提示输入 400 的半径，并选择如图 11-17 所示的两个位置，则生成线路终端连接（注意此处一定要选对曲线半径，选对圆曲线连接的两个方向）。

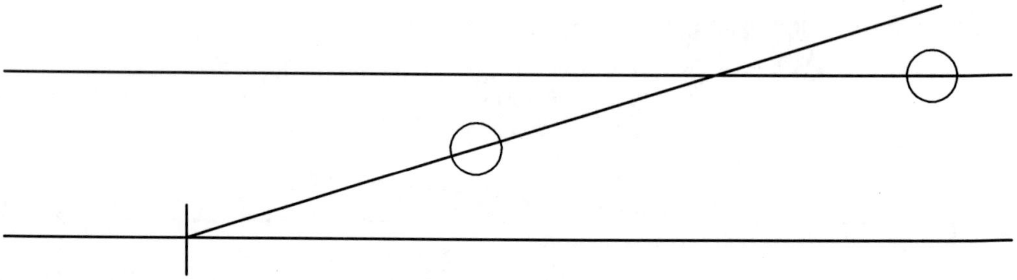

图 11-17　导圆选择

4．绘制两个相邻道岔

道岔 3 和道岔 5 均为 9 号道岔，两道岔相距 36.856。

（1）绘制道岔 3。

（2）在命令栏输入“o”，将 3 号岔心平移 36.856。

（3）绘制道岔 5，如图 11-18 所示。

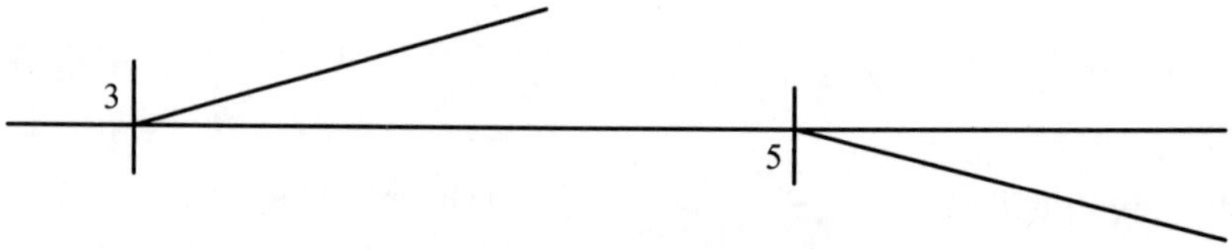


图 11-18　两相邻道岔

5．绘制箭头

在命令栏输入“*pl*”，根据提示选择起点和终端宽度（终端宽度取 0），即可绘制箭头。

6．绘制警冲标

如图 11-19 所示，将道岔中心线平移至红色位置，然后将红色线延长到蓝色位置，然后在终端位置画圆，并将圆填充黑色。

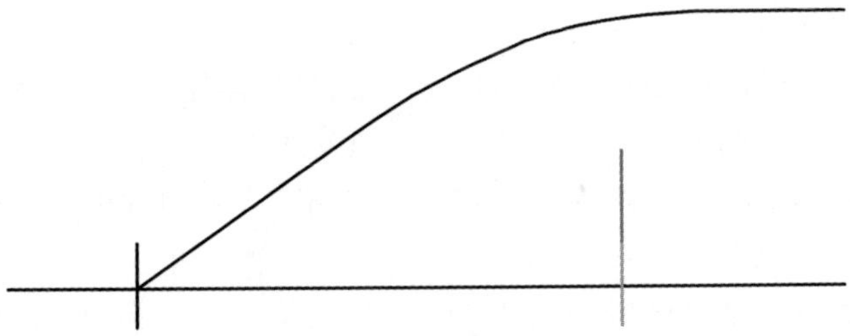

图 11-19　确定警冲标

7．绘制站台

选择“矩形”快捷菜单（见图 11-20），点击起点，然后在命令栏输入“@550，9”，即可绘制 550×9 的站台。

选择站台顶角为起点，绘制 10 的直线，将此直线用“o”命令平移 0.9，并将平移后的直线变为 5。选择“阵列”菜单，列取 1 列，行取 6 行，行偏移 1.8，分别对长短线进行阵列，生成站台斜坡，并将最外侧的长直线连上，如图 11-21 所示。

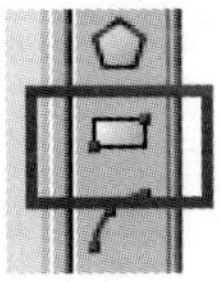

图 11-20　矩形工具

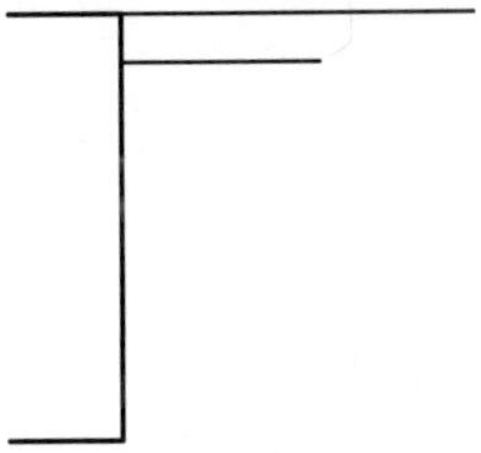

图 11-21　绘制站台

8．将站台对齐至线路位置

在命令栏目输入“o”，将线路平移 1.75，然后在水平坐标处绘制竖直线，在命令栏目输入“*al*”，选择站台点与辅助线上的点为对齐点，将站台对齐到离线路 1.75 m 处位置，如图 11-22 所示。

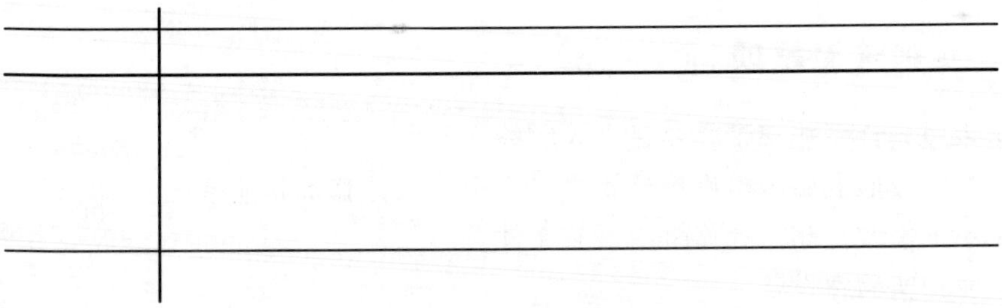

图 11-22　站台位置确定

（三）绘制站场图

（1）所有道岔均为 12 号岔。

（2）道岔后连曲线半径均取 400。

（3）线间距取 5 m。

（4）设置三个图层，平面图为图层 1，道岔编号为图层 2，其他辅助标识为图层 3。

（5）图中各点坐标为各点分别到道岔 2、道岔 1 的坐标。

（6）中间站台和基本站台均为 550 × 9，距离相邻线路中心线距离均 1.75，站台中心线距 2 号岔心 552.164。

（7）道岔 1 和道岔 2 之间的距离为 1106.370。

（8）在图上绘制曲线要素 *a*、*R*、*T*、*K*。

（9）绘制比例 1∶1000，要求绘制的是比例图，不是示意图，如图 11-23 所示。

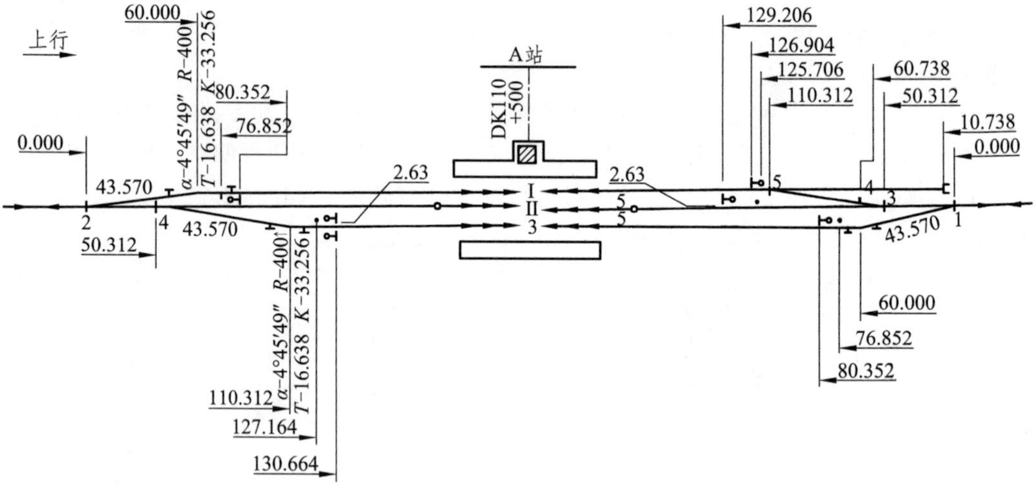


图 11-23　站场图绘制要求

## 五、实验报告要求

（1）认真完成实验报告，报告要用实验报告纸，书写工整，按时上交。

（2）对思考题应能依据实验过程做出相应的回答。

## 六、实验注意事项

（1）未经允许不能携带存储盘进入实验室。

（2）严格按照实验步骤操作计算机，不准进入计算机其他系统。

（3）不准修改、删除计算机内所有文件。

（4）爱护实验室设备。

## 七、思考题

（1）图层的作用是什么？

（2）如何保证绘制图的精确度？

（3）如何对绘制的图形进行标注？

（4）如何确保道岔绘制的精确度？

# 实验十二 城市轨道交通调度指挥系统原理实验

## 一、实验目的

（1）了解城市轨道交通调度指挥系统组成及工作原理。

（2）掌握城市轨道交通调度指挥系统基本操作，包括使用 ATS 操作信号机、道岔等设备的方法，使用 ATS 排列列车进路方法，使用 ATS 进行列车扣车、跳停方法等。

（3）掌握使用仿真系统进行列车运行图编制的方法，理解列车运行图在调度指挥中的作用。

（4）掌握城市轨道交通基本调度指挥过程，理解列车运行调度指挥过程以及列车运行图和调度指挥之间的关系。

## 二、实验原理

城市轨道交通信号系统是保证列车运行安全，实现行车指挥和列车运行现代化，提高运输效率的关键系统设备，由列车自动控制系统（Automatic Train Control，简称 ATC）组成，ATC 系统包括 ATS 列车自动监控系统（Automatic Train Supervision，简称 ATS）、列车自动防护子系统（Automatic Train Protection，简称 ATP）、列车自动运行系统（Automatic Train Operation，简称 ATO）三个子系统。ATS 系统在 ATP 和 ATO 及联锁系统的支持下完成对全线列车的运行自动管理和监控。

ATS 子系统由调度中心 ATS 设备、车站 ATS 设备和车载 ATS 设备组成。调度中心与车站之间通过数据传输系统进行双向数据交换，而车站与列车之间通过车-地信息交换系统进行数据交换，从而构成完整的 ATS 系统。ATS 系统的主要功能为：列车运行进路的自动控制；时刻表的编辑和修改；列车运行图的调整控制；行车调度模式设置；折返模式控制和自动折返控制；列车运行目的地、运行等级、“跳停”等控制；列车运行的实时跟踪和车次号监视；列车停站、开闭车门及车载设备状态的监视等，辅助调度人员对全线列车进行管理。

城市轨道交通调度指挥仿真实验系统由控制中心（OCC）仿真子平台、车辆段仿真子平台、集中联锁站仿真子平台、数据库服务器、仿真/通信服务器组成，如图 12-1 所示。

系统由 ATS 仿真子系统、仿真及通信服务子系统、运行图子系统、数据库服务器等组成，系统功能结构如图 12-2 所示。

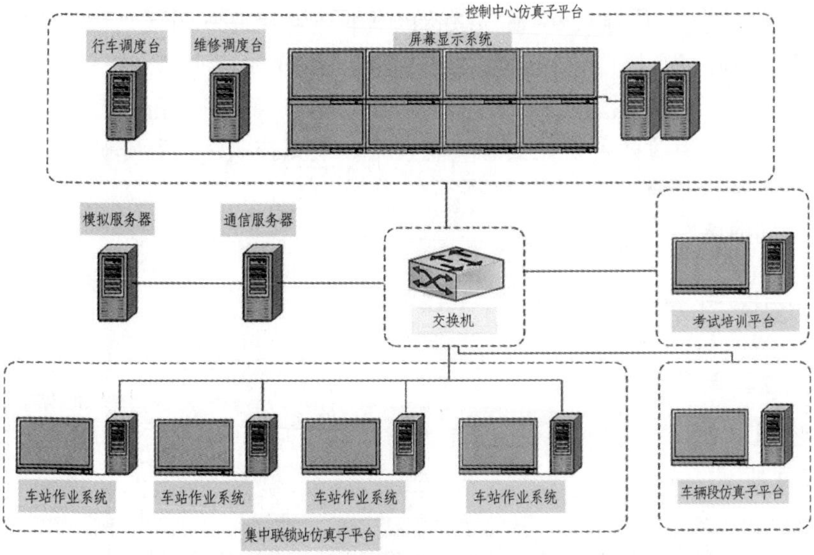


图 12-1　城市轨道交通调度指挥仿真实验系统架构示意图

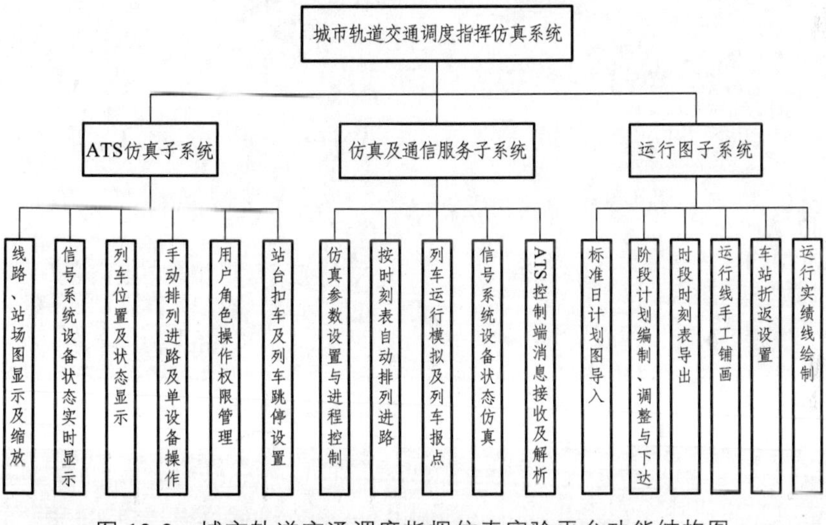


图 12-2　城市轨道交通调度指挥仿真实验平台功能结构图

通过控制中心（OCC）仿真子平台的操作训练，熟悉控制中心行车调度员岗位涉及的城市轨道交通列车运行图、列车调度指挥、列车运行控制等基本理论知识；掌握城市轨道交通列车运行图编制、调整、调度命令发布等基本技能。

通过车辆段仿真子平台的操作训练，熟悉车辆段运转值班员岗位涉及的城市轨道交通列车运行图、列车调度指挥、列车运行控制、车辆段线路信号配置、站场联锁等基本理论知识，掌握车辆运营日计划编制、车辆出入库、调车进路办理等基本技能。

通过集中联锁站仿真子平台的操作训练，熟悉车站行车值班员岗位的列车运行控制、站内线路信号配置、车站联锁及区间闭塞等基本理论知识，掌握人工办理列车进路、应急处置等基本技能。

通过列车运行计划编制、调整与下达以及非正常情况下的列车运行调整等实验模块，模拟控制中心行车调度员、车辆段运转值班员、车站行车值班员等岗位协同作业，熟悉城市轨道交通调度指挥业务流程，培养学生综合运用基础理论和技术手段的能力。

通过多工种的应急处置协同演练实验模块，模拟控制中心行车调度员、车辆段运转值班员、车站行车值班员等岗位按照应急操作流程进行应急处置，实现不同岗位之间的应急协同演练。

## 三、实验设备

1．各仿真调度台

（1）控制中心调度台包括运行图终端子系统和控制中心 ATS 子系统，分别如图 12-3 和 12-4 所示。

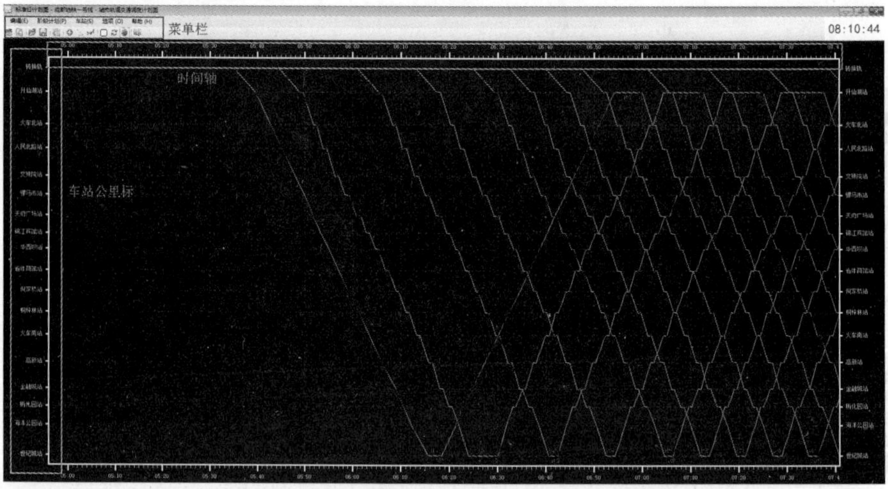


图 12-3　运行图终端子系统主页面

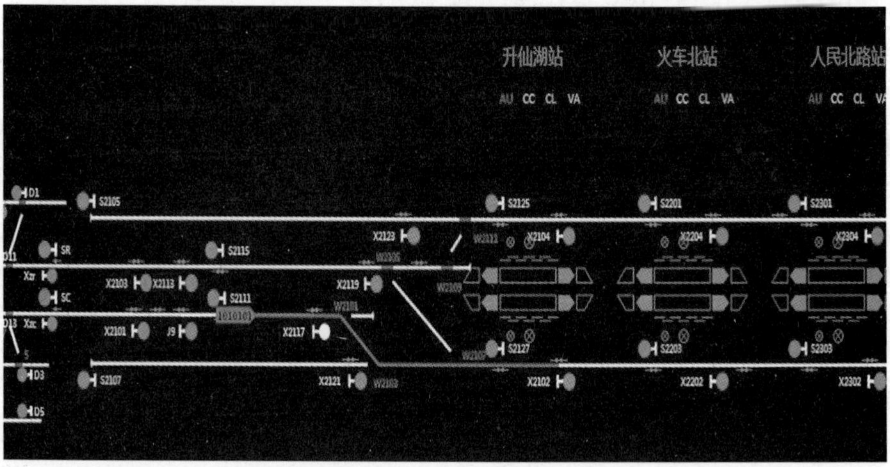


图 12-4　控制中心 ATS 子系统主页面

（2）联锁站值班员台的集中联站 ATS 子系统主页面如图 12-5 所示。

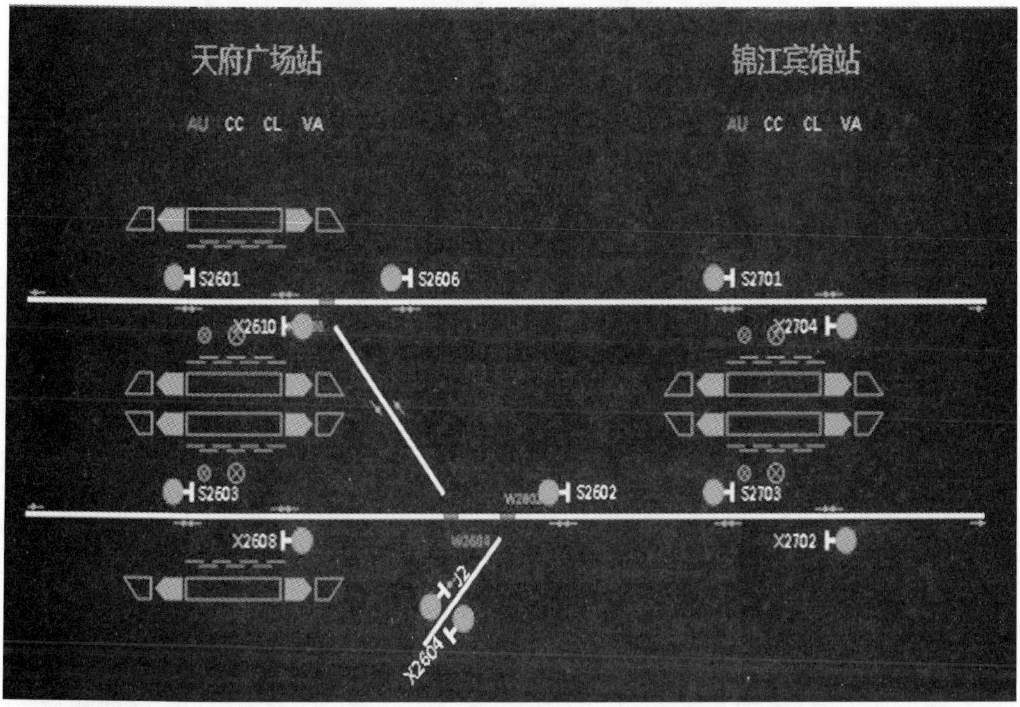


图 12-5　集中联锁站 ATS 子系统主页面

（3）车辆段运转值班员台的车辆段 ATS 子系统主页面如图 12-6 所示。

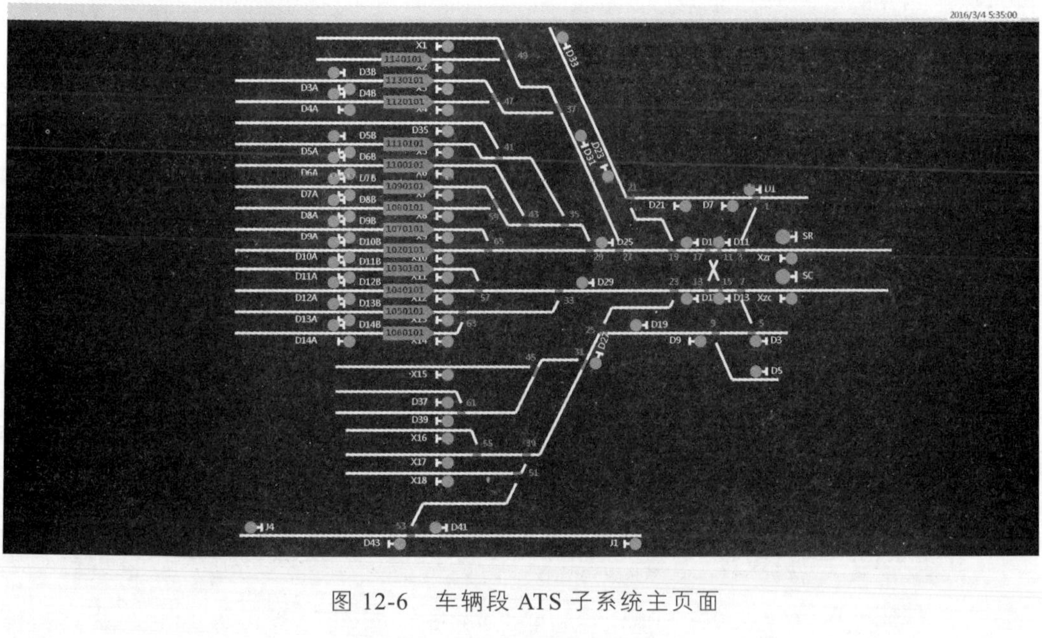


图 12-6　车辆段 ATS 子系统主页面

（4）仿真服务子系统中城市轨道交通调度指挥模拟仿真服务器如图 12-7 所示。

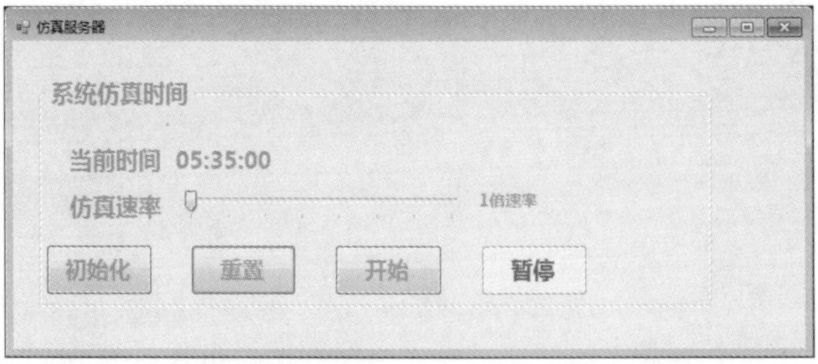


图 12-7　城市轨道交通调度指挥模拟仿真服务器

2．实验参数设置

（1）模拟调度区段：成都地铁一号线一期及车辆段。
（2）车站数：17 个。
（3）运行图时段：05:00—24:00。
（4）总列车对数：42。

## 四、实验步骤

### （一）完成给定列车数量的阶段计划编制调整与下达，并监督列车运行

1．导入列车运行基本图

模拟行车调度员，进入行车调度台运行图终端子系统主页面，在菜单栏中点击“阶段计划”下拉菜单，选择“从数据库载入”， 将运行线、运行列车车次和车底号运行图数据信息加载到运行图界面上，如图 12-8 所示。

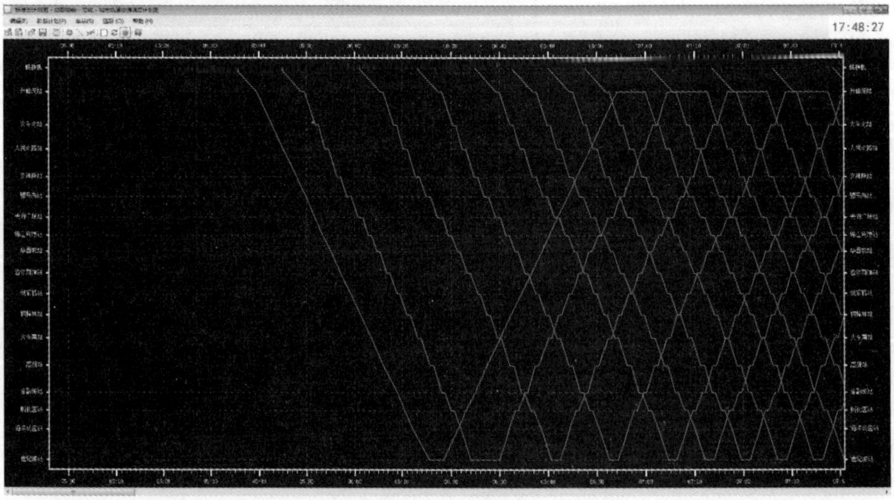


图 12-8　生成阶段计划

## 2．调整基本图——手工添加运行线

行车调度员完成给定列车数量的阶段计划编制调整。

在菜单栏中点击的“阶段计划”下拉菜单，选择“表格添加计划线”，系统弹出“手工精确添加计划线”窗口，如图 12-9 所示，手动输入需要绘制的列车车次号以及车底号，站间间隔默认为 3 min，停站间隔默认为 30 s，根据实际情况进行调整。点击“添加”复选框，依次从升仙湖到世纪城添加停站。设置完基本参数后，鼠标单击“自动填充时间”和“确定”，根据之前设置的参数自动生成运行线的运行时分，并在图上画出运行线。

图 12-9　手工画线对话框

根据需要采用对运行线复制的方法编制多条运行线。对复制后的多条运行线进行移动以及修正车底接续线，如图 12-10 所示。

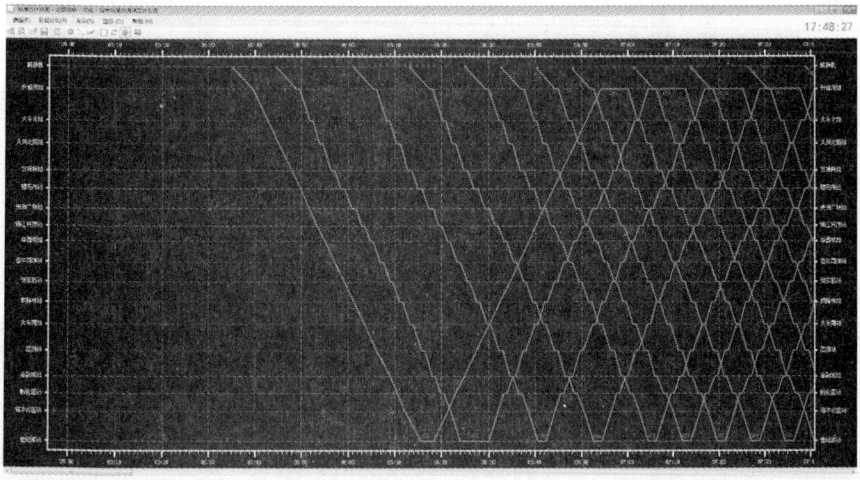


图 12-10　编制多条运行线

3．调整基本图——设置折返线

在绘制完运行图后，需要对每条运行线的折返线以及折返股道等进行配置，根据运行图下达的计划能够按照计划在规定的车站和股道进行折返。

首先查看“车站折返配置”中折返站是否全部配置完成，点击菜单栏中车站下拉菜单中的“折返配置”，弹出“配置折返站的默认股道”对话框，如图 12-11 所示。

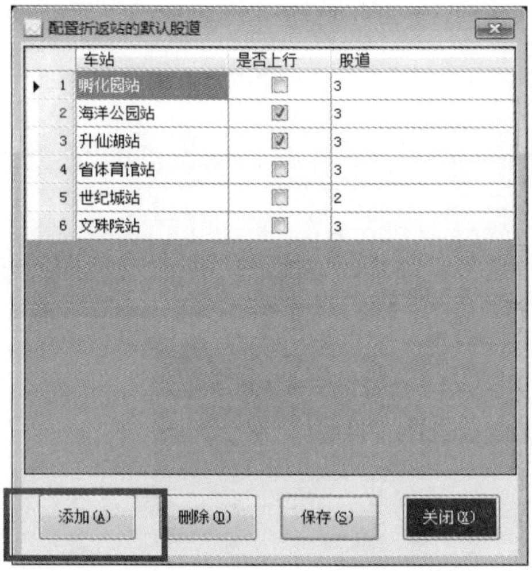


图 12-11　配置折返站默认股道操作示意图

若缺少折返站配置，单击“添加”按钮，进行折返站配置添加。选择需要配置的折返车站、该折返进路当前运行方向、确定折返道，鼠标单击“保存”，将添加的折返站配置予以保存，如图 12-12 所示。

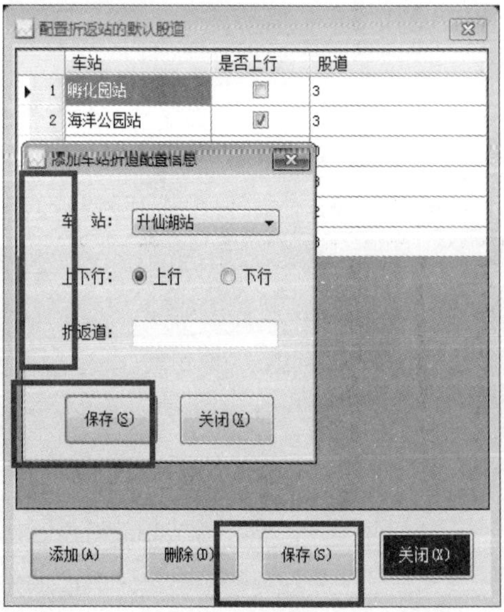


图 12-12　添加车站折返配置信息操作示意图

点击“阶段计划”下拉菜单中“修正车底线衔接”及“修正车底折返股道”，对折返配置完成后进行修正车底线衔接、修正车站折返股道操作，如图 12-13、12-14 所示。

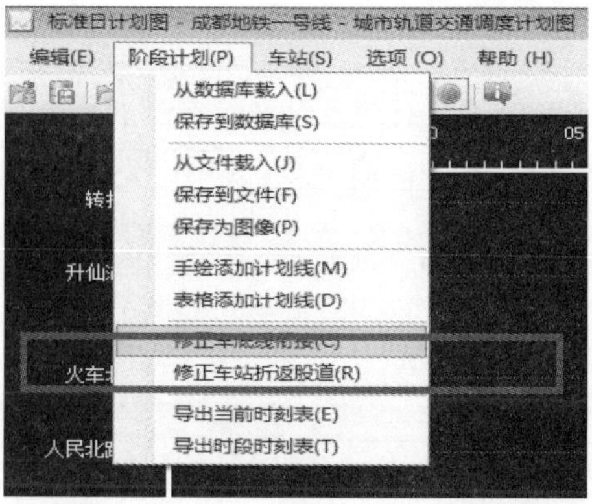


图 12-13　修正车底线衔接操作

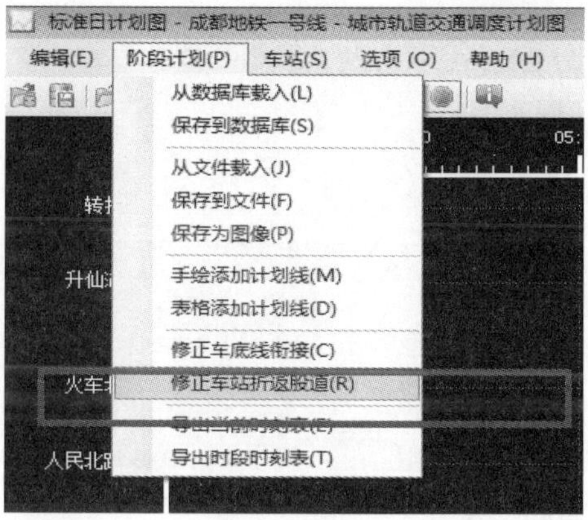


图 12-14　修正从车站折返股道操作示意图

绘制完所有的计划线后，单击“修正车底线衔接”和“修正车站折返股道”，使得绘制的运行线相互衔接，如图 12-15 所示。

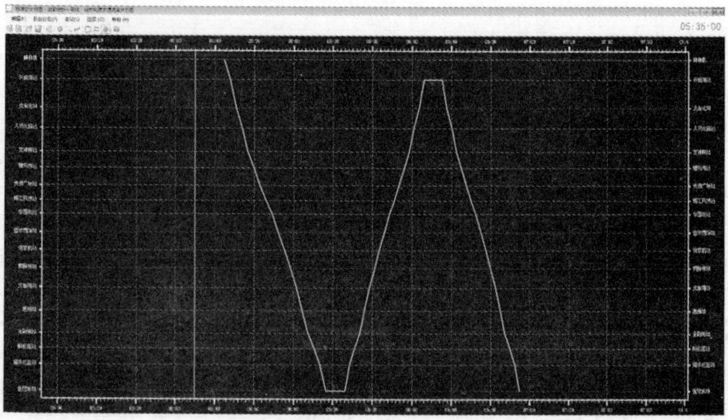

图 12-15　对绘制的运行线修正从车底线衔接

将运行图图形文件保存至数据库，并将运行图计划线时刻表导入到数据库中。至此，点击运行列车运行仿真系统，列车将会按照图形文件绘制的运行图计划线进行运行。

4．下达阶段计划

运行仿真系统服务器程序，并对仿真系统服务器进行初始化、重置仿真时间以及设置仿真步长，点击“开始”按钮开始仿真，如图 12-16 所示。

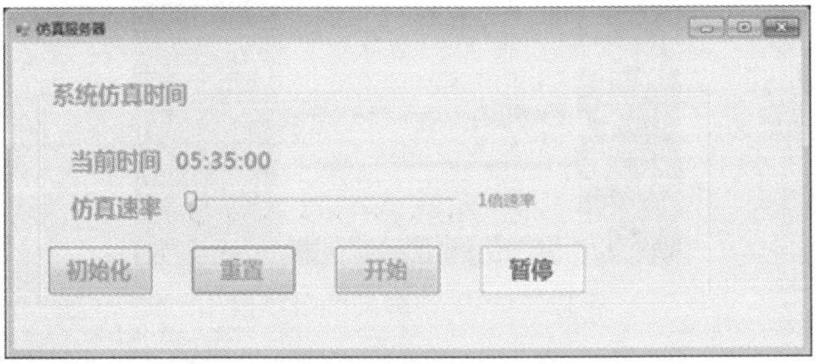


图 12-16　设置仿真参数、启动仿真进程

运行城市轨道调度指挥仿真系统 ATS 子系统，选择相应岗位登录（见图 12-17），监视列车运行，如图 12-18 所示。

图 12-17　城市轨道调度指挥仿真系统 ATS 子系统登录

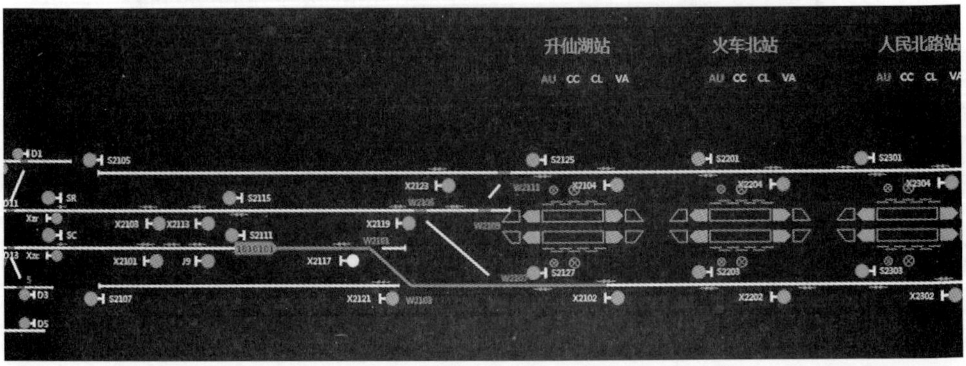


图 12-18　监控列车运行

通过运行图的参数设置，显示实绩报点线操作，将列车运行实绩情况反映在运行图上，通过对比分析实绩线与计划线的偏差来监视列车的运行，如图 12-19 所示。

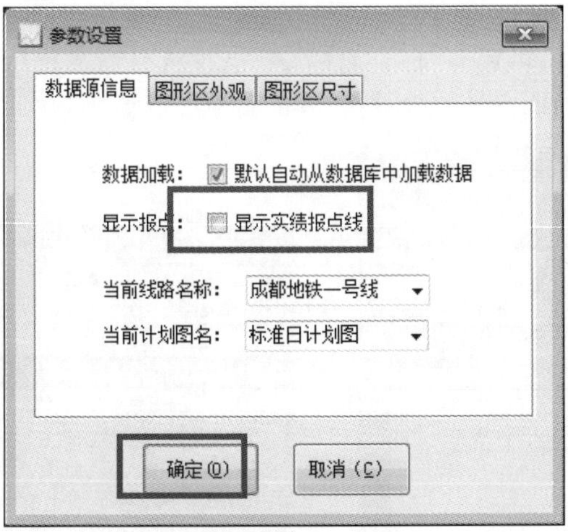


图 12-19　显示实绩报点线

5．列车出、入段

车辆段运转值班员根据列车运行图，编制列车车辆运行日计划，通过手动排列进路安排车辆出入段。

进路设置必须满足的条件有以下几点：进路必须有效；道岔未单封或者锁闭在相反的位置；终端信号未封锁；始端信号和终端信号间所有轨道和道岔均处于空闲状态；没有敌对的延伸进路锁闭；未设置敌对进路；请求进路区域内没有有效的本地紧急停车。若当前选择的始端信号和终端信号确定的进路无效或不满足进路排列条件，则排列进路失败，否则进路将会成功排列。

右键点击“待排列进路始端信号机”，弹出右键菜单如图 12-20 所示。

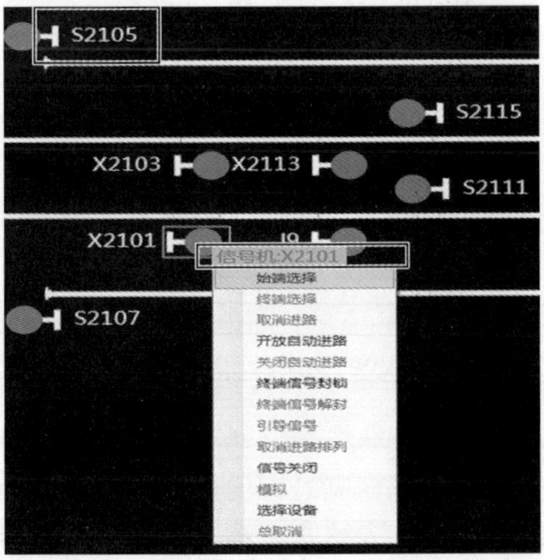


图 12-20　排进路信号始端选择操作

选择“始端选择”后，系统自动搜索当前符合条件的进路，将其终端信号变为待选状态，在灯柱变为小黄三角形的信号机上点击右键，弹出右键菜单，选择“终端选择”，如图 12-21 所示。

在 J9 信号机处单击鼠标右键，在弹出的信号机右键菜单中选择“终端选择”，将弹出“进路排列信息”框，输入车次号，单击确定按钮，如图 12-22 所示。

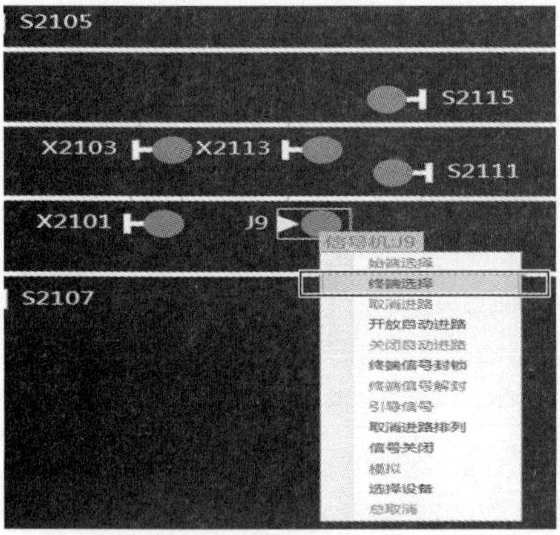


图 12-21　排进路信号终端选择操作

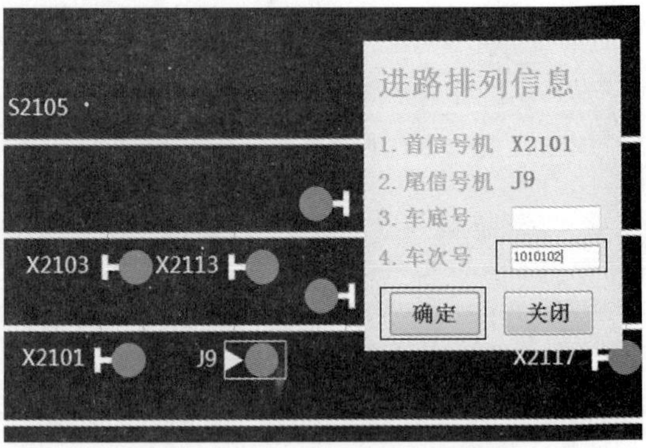


图 12-22　排进路信号终端选择操作

进路排列成功，由 X2101 为首信号机且以 J9 为尾信号机的进路排列如图 12-23 所示。

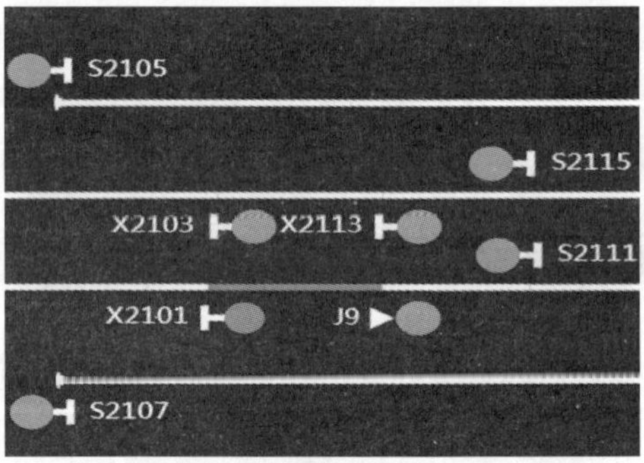


图 12-23　进路排列

车辆到达车辆段与正线之间的转换轨后，将按照 ATC 模式在正线运行。

## （二）扣车与跳停

### 1. 列车跳停

若车站出现如火灾、积水等特殊情况，列车在规定运行方向上在站不停车通过，直至有新的调度命令发布进而执行相应的调度命令。

鼠标置于车站站名正下方的运行模式显示符号，单击鼠标右键，根据列车当前运行方向，选择鼠标右键菜单的“下行跳停”，如图 12-24、12-25 所示。

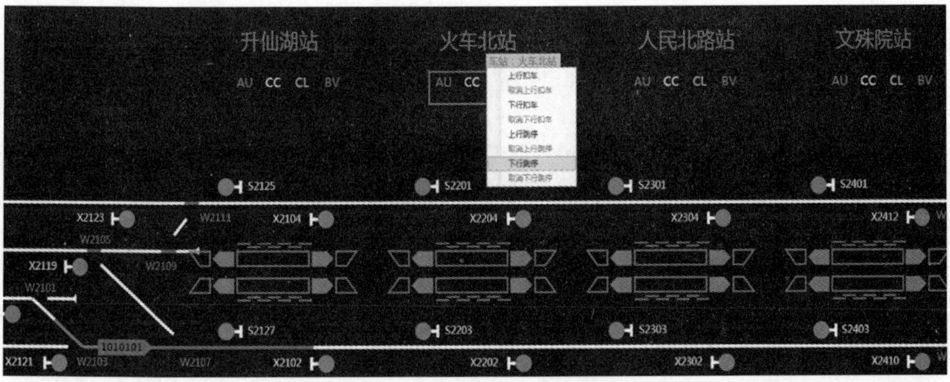


图 12-24 车站跳停操作

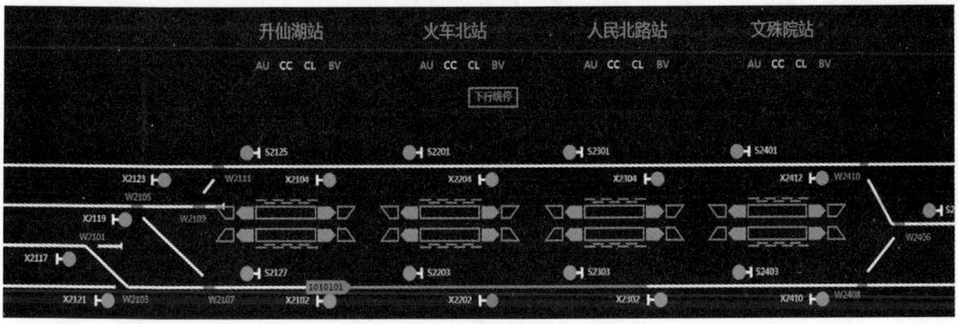


图 12-25 车站跳停操作后效果

2．列车扣车

当列车运行前方故障导致列车无法继续运行时，可以通过设置列车在车站扣车，防止列车进入故障区段，保障列车的运行安全。

将鼠标置于车站站名正下方的运行模式显示符号，单击鼠标右键，根据列车当前运行方向，选择鼠标右键菜单的“下行扣车”，如图 12-26、12-27 所示。

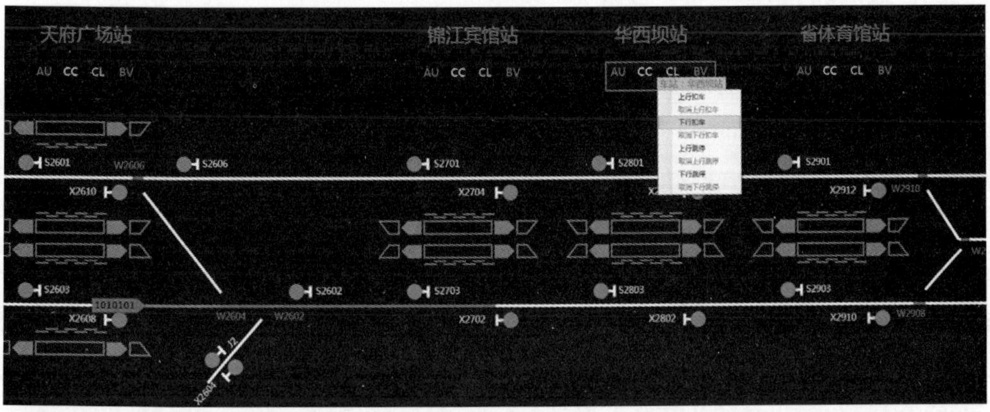


图 12-26 车站扣车操作

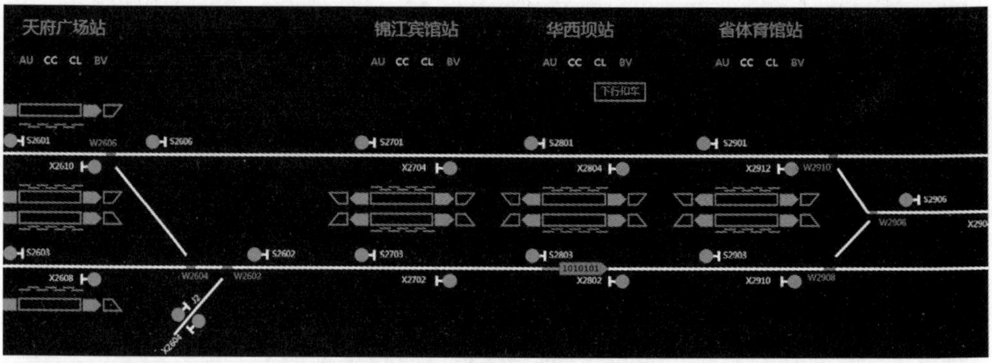


图 12-27　车站扣车操作后效果

3．根据仿真运行情况调整阶段计划

在实际运行中，随时可能会出现因外因导致的列车早晚点等情况，将会影响到该时段列车的后续运行。车辆段运转值班员及车站行车值班员进行一系列人工操作，行车调度员对阶段计划进行再次调整，生成新的计划，并重新下达新计划到管辖车站，直至恢复列车正常运行秩序。

## 五、实验报告要求

（1）认真完成实验报告，报告要用实验报告纸，书写工整，按时上交。

（2）实验完成后，将本次实验的列车运行阶段计划、实绩运行图、车站线路与设备使用状态等运行仿真的实验结果截屏保存，并分析给定列车数量的列车正晚点率，撰写实验报告，通过虚拟仿真实验教学平台提交实验结果。

## 六、实验注意事项

（1）未经允许不能携带磁盘进入实验室。

（2）严格按照实验步骤操作计算机，不准进入计算机其他系统。

（3）不准修改、删除计算机内所有文件。

（4）爱护实验室设备。

## 七、思考题

（1）列车运行图与时刻表之间关系如何？

（2）出库、入库如何办理？

（3）交路的折返站如何选择？

（4）什么情况下会发生扣车、跳停？

# 实验十三　城市轨道交通行车标准化仿真实验

## 一、实验目的

（1）了解城市轨道交通行车指挥框架。

（2）了解城市轨道交通 OCC、车辆段、车站、列车主要设备及其作用。

（3）掌握城市轨道交通运行前准备、出库、正线运行、折返、事故救援、入库作业标准流程。

## 二、概　述

城市轨道交通行车标准化流程仿真系统提供了城市轨道交通各行车岗位职责、相关行车设备、运营前准备作业流程、运营中作业流程（出库、入库、正线运行、折返）、列车故障救援作业流程等的仿真环境。通过该平台，学生能拓展其在独立系统上所学的城市轨道交通专业知识，使相关内容融会贯通，从而理解和掌握行车各岗位相互之间的关系和相关专业技能；同时也能对整个城市轨道交通行车指挥体系有个直观、全面的了解，为学校培养综合性专业人才提供了一个良好的实践平台。

## 三、实验仪器及设备

行车标准化仿真系统。

## 四、实验步骤及方法

### （一）了解城市轨道交通仿真设备、作业指挥系统、各种作业流程介绍

1．登录系统

根据指导教师的提示，进入行车标准化仿真系统，输入正确的服务器 IP 地址：172.30.15.1，选择“实训教学”进入系统。

2．熟悉子系统

点击图 13-1 中的“组织架构”“行车设备”“行车流程”，熟悉各个子系统内容。

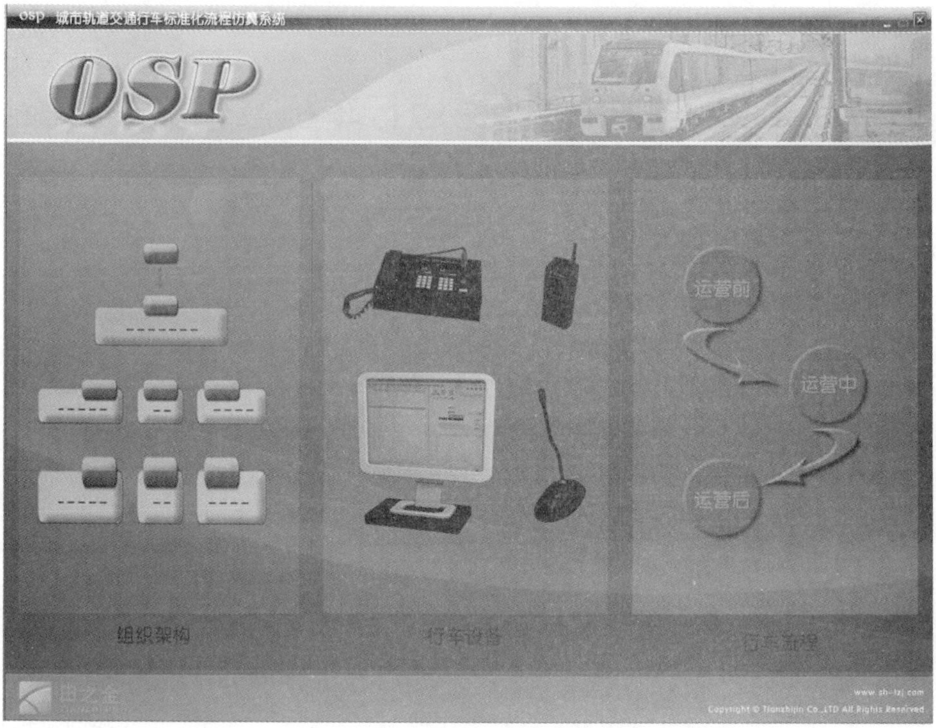


图 13-1　仿真实训教学界面

## （二）联机练习

登录联机练习，在登录时注意服务器 IP、工作组组号（因为练习是分组，所以一定要选中自己的组号）、工作站名称（每组先登录运营控制中心看一下需要哪些岗位，然后分配同组都要登录哪些工作站），如图 13-2 所示。

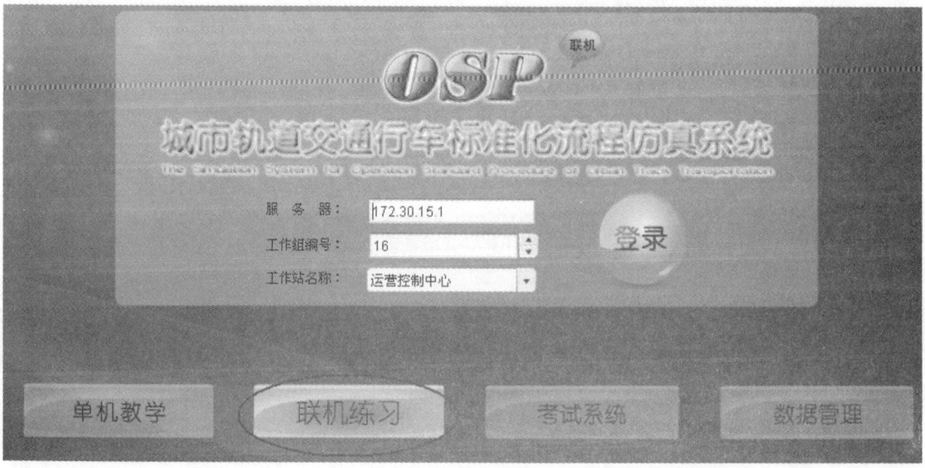


图 13-2　联机练习登录界面

1．运营前准备

登录运营控制中心工作站后，看一下需要登录的工作站，确保所有岗位全部登录，如图 13-3 所示。

所有岗位全部登录后，在运营控制中心工作站点击开始运营前准备仿真作业开始，如图 13-4 所示，每一个作业完成后，对应的作业框内容变成绿色，根据左下提示框的提示完成所有作业流程。

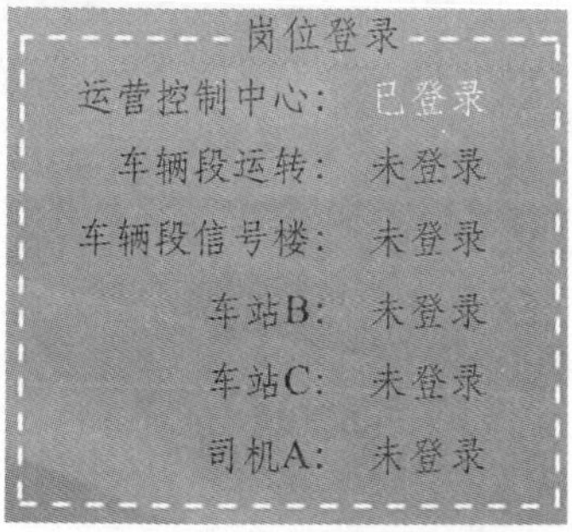


图 13-3　运营前准备

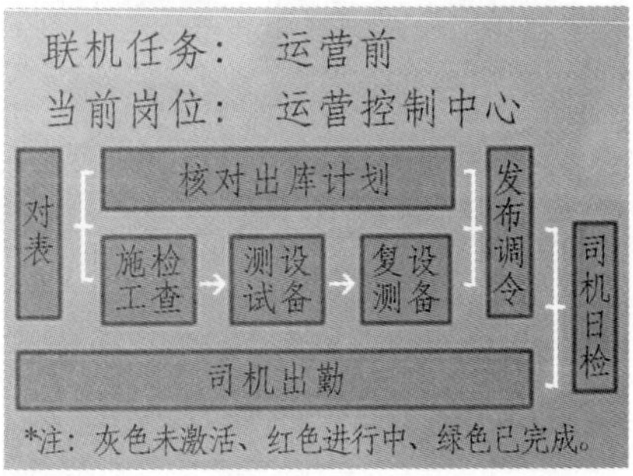


图 13-4　运营前准备作业流程

2．出库

分组登录各个岗位完成出库仿真作业，如图 13-5 所示。

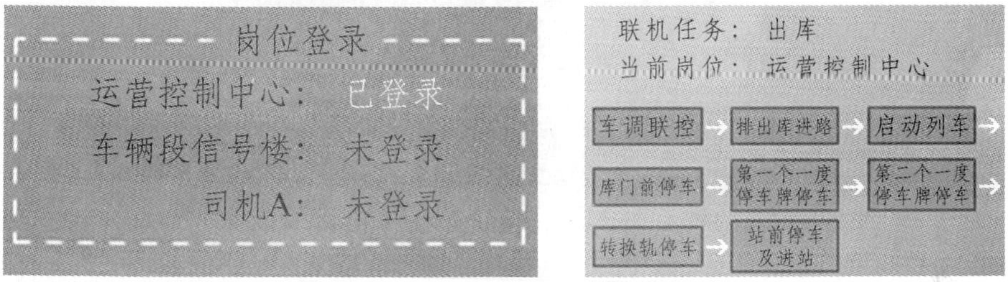


图 13-5　出库仿真作业

3．正线运营

分组登录各个岗位完成正线运营作业，如图 13-6 所示。

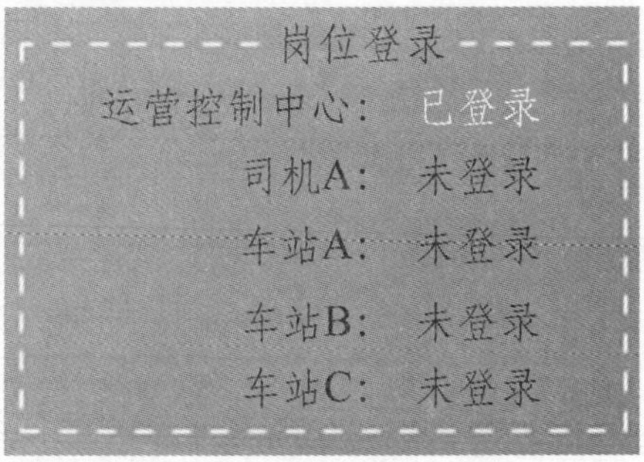


图 13-6　正线运营作业登录岗位

4．折返

分组登录各个岗位完成折返仿真作业，如图 13-7 所示。

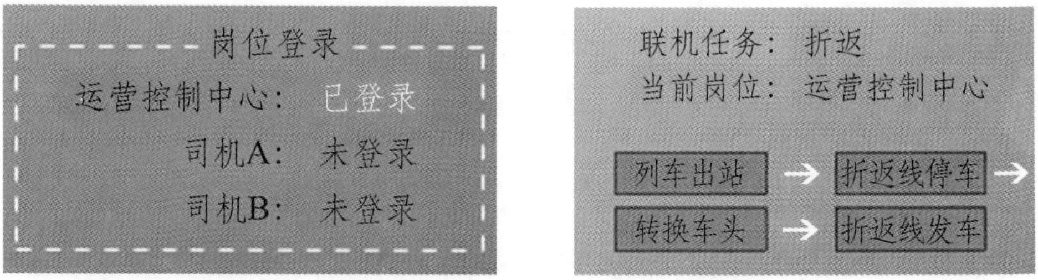


图 13-7　折返仿真作业登录岗位及流程

5．救援

分组登录各个岗位完成救援仿真作业，如图 13-8 所示，救援作业流程如图 13-9 所示。

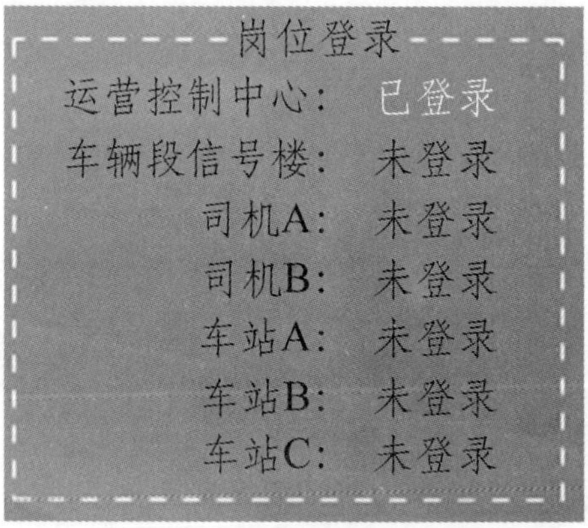


图 13-8　救援作业登录岗位

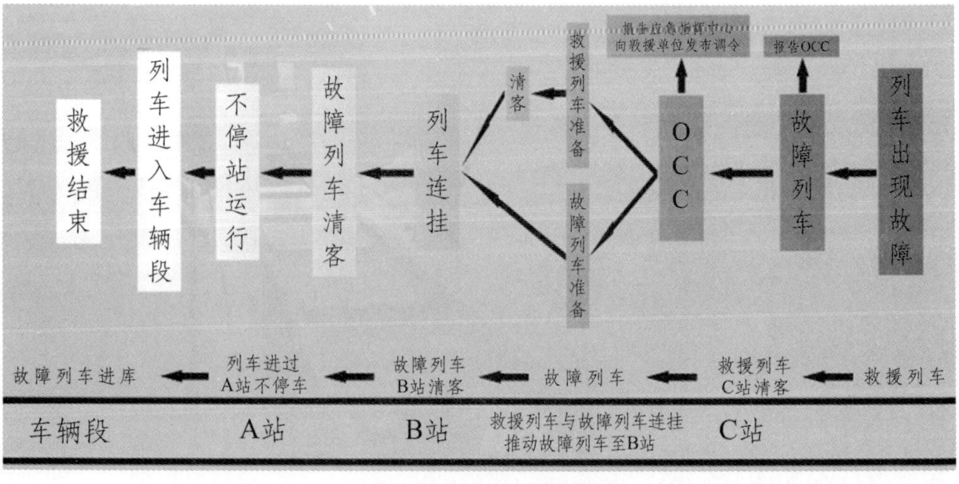


图 13-9　救援作业流程

6．入库

分组登录各个岗位完成入库仿真作业，如图 13-10 所示。

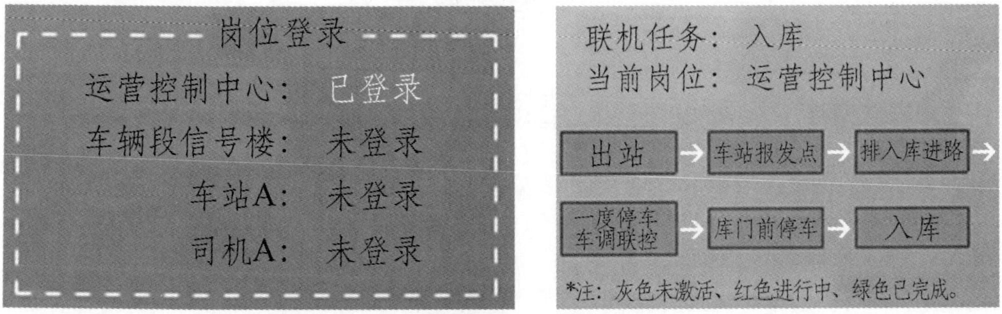


图 13-10　入库仿真作业登录岗位及流程

## 五、实验报告要求

（1）认真完成实验报告，报告要用实验报告纸，书写工整，按时上交。
（2）实验完成后，将本次实验各个作业的作业流程及要点写在实验报告内。

## 六、实验注意事项

（1）未经允许不能携带磁盘进入实验室。
（2）严格按照实验步骤操作计算机，不准进入计算机其他系统。
（3）不准修改、删除计算机内所有文件。
（4）爱护实验室设备。

## 七、思考题

（1）简述运营前的准备、出库、正线运营、折返、救援、入库作业流程。
（2）出库、入库进路如何办理？
（3）救援过程中什么是清客，清客要在哪里办理？

# 参考文献

[1] 国家铁路局. 铁路接发列车作业[M]. 北京：中国铁道出版社，2020.

[2] 梁炜昭，罗利锦. 动车组检修[M]. 北京：北京交通大学出版社，2016.

[3] 佟立本. 铁道概论[M]. 8版. 北京：中国铁道出版社，2020.

[4] 刘玉芝，高静巧. 铁路信号基础[M]. 成都：西南交通大学出版社，2021.

[5] 赖晓燕. 接发列车作业实训教程[M]. 成都：西南交通大学出版社，2015.

[6] 孙中央. 列车牵引计算实用教程[M]. 北京：中国铁道出版社，2019.

[7] 彭其渊. 高速铁路调度指挥[M]. 北京：中国铁道出版社，2011.

[8] 杨旭丽，刘磊，梅哲飞. 城市轨道交通调度指挥[M]. 成都：西南交通大学出版社，2020.

[9] 颜景林，孙景冬. 城市轨道交通设备与系统[M]. 北京：科学出版社，2020.

[10] 林瑜筠，吕永昌. 计算机联锁[M]. 4版. 北京：中国铁道出版社，2017.